浙江省"八八战略"创新发展研究院资助成果

城市创新集聚测度及其高质量发展效应研究

陈锦其　著

浙江工商大學出版社
ZHEJIANG GONGSHANG UNIVERSITY PRESS
·杭州·

图书在版编目(CIP)数据

城市创新集聚测度及其高质量发展效应研究 / 陈锦
其著 . — 杭州 : 浙江工商大学出版社,2023.6
ISBN 978-7-5178-5505-7

Ⅰ. ①城… Ⅱ. ①陈… Ⅲ. ①产业集群—影响—城市
经济—经济发展—研究—中国 Ⅳ. ①F299.21

中国国家版本馆 CIP 数据核字(2023)第 099644 号

城市创新集聚测度及其高质量发展效应研究

CHENGSHI CHUANGXIN JIJU CEDUO JI QI GAOZHILIANG FAZHAN XIAOYING YANJIU

陈锦其 著

责任编辑	吴岳婷	
责任校对	韩新严	
封面设计	林朦朦	
责任印制	包建辉	
出版发行	浙江工商大学出版社	
	(杭州市教工路198号 邮政编码310012)	
	(E-mail:zjgsupress@163.com)	
	(网址:http://www.zjgsupress.com)	
	电话:0571-88904980,88831806(传真)	
排　版	杭州朝曦图文设计有限公司	
印　刷	杭州高腾印务有限公司	
开　本	710mm×1000mm　1/16	
印　张	15.5	
字　数	200千	
版印次	2023年6月第1版　2023年6月第1次印刷	
书　号	ISBN 978-7-5178-5505-7	
定　价	68.00元	

版权所有　侵权必究

如发现印装质量问题,影响阅读,请和营销与发行中心联系调换

联系电话　0571-88904970

目录

第一章 绪 论

第一节 研究背景与研究意义 2

第二节 文献综述 7

第三节 研究内容与框架 20

第四节 研究思路与方法 24

第五节 创新之处 27

第二章 城市创新集聚的理论基础

第一节 城市创新集聚的内涵与特征 30

第二节 城市创新集聚动态发展的理论模型 35

第三节 城市创新集聚影响经济发展质量的理论模型 39

第四节 城市创新集聚影响经济发展质量的异质性 43

第五节 本章小结 47

第三章 城市创新的地理集聚特征事实

第一节 研究方法和数据处理 50

第二节 基于Pareto指数的城市创新地理空间结构分析 56

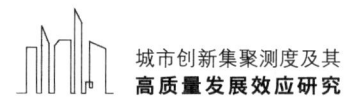

第三节　基于核密度估计的城市创新地理空间演变趋势　63

第四节　基于Dagum基尼系数的城市创新地理空间差异分解　68

第五节　本章小结　76

第四章　城市创新集聚的统计测度

第一节　城市创新集聚统计测度的总体思路与关键环节　80

第二节　城市创新集聚统计测度的数据采集与分类整理　84

第三节　城市创新集聚统计测度的矩阵编制与技术空间绘制　93

第四节　城市创新集聚的发展趋势及其演变规律探究　104

第五节　本章小结　108

第五章　城市创新集聚提升经济发展质量的总体效应

第一节　模型设定与数据说明　111

第二节　实证分析与结果解释　119

第三节　稳健性检验　130

第四节　异质性分析　137

第五节　分位数估计　148

第六节　本章小结　154

第六章　城市创新集聚提升经济发展质量的机制检验

第一节　影响机制的理论基础　158

第二节　模型设定与数据说明　165

第三节　中介机制的实证检验　171

第四节　调节机制的实证检验　180

第五节　本章小结　187

第七章　城市创新集聚提升经济发展质量的溢出效应

第一节　溢出效应的理论机制　190

第二节　模型设定与数据说明　192

第三节　实证结果分析　194

第四节　随地理距离变化的空间溢出效应　202

第五节　本章小结　205

第八章　主要结论与政策启示

第一节　主要结论　208

第二节　政策启示　212

参考文献

Chapter 01

第一章

绪　论

研究背景与研究意义

一、研究背景

改革开放以来，我国根据资源要素禀赋条件积极发挥比较优势，选择了投资带动的要素驱动发展模式，在实践中取得了巨大成功，经济长期保持高速增长。进入新常态以来，以"高投入、高消耗、高污染"为代价的传统经济发展模式已难以为继。大量实践经验表明，如果一个国家没有根据自身发展进程和世界经济格局的变化适时转换发展动力，就很可能落入中等收入陷阱，使经济社会发展陷入长期停滞状态。党的十九大报告做出了我国经济已由高速增长阶段转向高质量发展阶段的重大判断，该转变的核心就是从规模速度型粗放增长转向质量效率型集约增长，关键在于动力转换和效率提升（金碚，2018；陶长琪和徐茉，2021），以实现以创新为基础的高效率发展（李金昌等，2019）。党的二十大报告进一步将"经济高质量发展取得新突破，科技自立自强能力显著提升，构建新发展格局和建设现代化经济体系取得重大进展"作为未来五年的主要目标任务之一。

习近平总书记在十八届中央政治局第九次集体学习时的讲话中就指出，要坚持科技面向经济社会发展的导向，围绕产业链部署创新链，围绕创新链完善资金链，消除科技创新中的"孤岛现象"，破除制约科技成果转移扩散的障碍，提升国家创新体系整体效能。近年来，我国创新能力大幅提高，据国家统计局测算的中国创新指数，2019年中国创新指数达到228.3，比上年增长7.8%，持续保持较快增长的态势。2021年发布的《中华人民共和国国民经济和社会发展第十四个五年规划和2035年远景目标纲要》提出，坚持创新驱动发展，全面塑造发展新优势。要坚持创新在我国现代化建设全局中的核心地位，把科技自立自强作为国家发展的战略支撑，面向世界科技前沿、面向经济主战场、面向国家重大需求、面向人民生命健康，深入实施科教兴国战略、人才强国战略、创新驱动发展战略，完善国家创新体系，加快建设科技强国。

当前，新一轮科技革命和产业变革的方向日渐清晰，全球创新竞争日趋激烈，人才、技术等创新资源和要素成为世界各国竞相争夺的战略资源。从全球创新型国家的发展经验看，创新活动比其他经济活动更倾向于集中在少数地区尤其是大城市和区域中心城市（Carlino和Kerr，2015）。加州的硅谷、波士顿的128号公路等长期以来都是美国的重要创新中心（石光和马名杰，2014；Feldman，1999）。近年来，我国许多城市也着力发挥本地优势，聚力营造创新生态环境吸引各类创新要素，城市创新地理集聚的态势进一步显现，形成了以北京、上海、深圳等发达城市为代表的创新中心，进一步形成长三角、粤港澳、京津冀等系统连片的创新型城市群，这些地区成为我国最具创新活力的经济高质量发展先行区。

创新活动在一些城市大规模地集聚，这是在地理空间层面的规模性集聚，是创新集聚最重要的特征。同时，为围绕产业链部署创新链，还要掌握创新在哪些技术领域涌现、偏向哪些产业，这是创新在技术层面集聚的体现，是合理配置创新资源和要素的关键。新冠疫情的冲击和中美贸易摩擦凸显了全球产业链的脆弱性，尤其是一些关键核心技术成为影响我国产业链供应链稳定性和竞争力的最大隐患，被形象地称为"卡脖子"技术。事实上，自20世纪以来，全球经历了多次产业链的变动和转移，但是美国、德国和日本等国的制造业强国地位没有改变，根本原因是这些国家牢牢抓住了装备、材料、信息、生物等重点产业的核心技术。从近期案例看，2019年的日韩贸易战中，日本凭借光刻胶生产等少量几种关键核心技术有效制约了韩国。一个重要的启示就是：获得重要领域的关键核心技术是提升产业链稳定性和竞争力的撒手锏。从综合角度看，既要在地理层面使创新规模性地集聚，还要在重要技术领域长期跟踪、积累和沉淀，让技术成"链"成"网"，这样才能牢牢地把握技术前沿，实现对高精尖技术领域的突破和引领。

综上所述，高质量发展阶段的宏观经济应更多地转向以创新重构经济增长新动力和以效率重塑经济质量新内涵两大战略。那么，为使高质量发展阶段的两大战略齐头并进，如何通过整合优化创新的地理布局和领域配置，实现创新要素的高效组合？如何让创新在地理空间集聚成"群"、在技术空间集聚成"网"，即从单纯追求地理集聚转向地理和技术的双重集聚？创新集聚能否提升城市经济发展质量？可从哪些渠道提升创新集聚对经济发展质量的作用效果？回答这些问题，有利于优化创新资源配置，有利于消弭科技创新中的"孤岛现象"，有利于提升城市经济发展绩效，对推进科技创新能力和治理体系现代化，实现城市经济高质量发展具有重要作用。

然而，目前创新集聚的分析视角及其测度方法通常只考虑了创新在地理空间集聚成"群"的特征，忽视了其在技术空间联结成"网"的特征，难以有效判断创新地理集聚的城市是否仍然是技术上的"孤岛"。相应地，前期研究成果已经关注到创新集聚对经济发展诸多领域的重要影响，但是直接研究创新集聚与经济发展质量关系的文献并不多见，尤其缺乏创新集聚视角的研究，深入创新集聚和经济绩效的内在发展机制的研究更加匮乏。基于上述背景，本研究综合"地理—技术"双重集聚视角构建城市创新集聚测度指标，进一步对城市创新集聚对经济发展质量的直接影响、异质性影响和影响机制开展理论分析和实证检验。

二、研究价值与意义

（一）学术价值

一方面，本研究综合"地理—技术"双重集聚的视角，构建了城市创新集聚测度指标，为有效测度城市创新能力提供了一种新的研究视角。通过构建技术空间，本研究从技术的多样性、关联性和普遍性三个维度构建城市创新集聚指标，使指标包含了创新活动更多维度的集聚特征，能有效识别地理空间集聚是否包含了技术层面的集聚，有利于更全面地揭示创新的双重集聚特征，有利于更科学有效地测度城市创新集聚的程度。

另一方面，本研究构建了一个创新集聚影响城市经济发展质量的综合分析框架，为诠释创新驱动经济高质量发展提供了一条新的理论思路。本研究构建了一个包含直接影响、异质性影响和影响机制的综合分析框架，还进一步将影响机制分为内部渠道和外部环境两个层面，系统回答了创新集聚是如何影响城市经济发展质量的，这为创新集聚与经济发展质量的关系研究提供了一条新的思路。

（二）实践意义

第一，本研究兼顾了创新的"地理—技术"双重集聚内涵，为地方政府全面把握自身的创新优势以及科学规划创新发展路径提供了有益参考。

以往难以判断创新在地理上"成群"的城市是否仍然是技术上的"孤岛"。从"地理—技术"双重空间视角考察创新集聚,有助于地方创新政策更加有效地推动创新活动在技术层面成"链"成"网",发挥创新集聚的更大效能。

第二,本研究深入分析了创新集聚对提升经济发展质量的作用,并探究了多类异质性特征带来的作用效果的差异,为政府因地制宜地实施创新政策提供了有益参考。本研究不仅检验了创新集聚影响经济发展质量的直接效果,还进一步从分区域、城市规模、城市等级、时期差异、分位数等视角开展了作用效果的异质性分析,这有助于地方政府根据城市的个体特征和发展阶段,实施更加精准有效的发展政策。

第三,本研究分析了创新集聚提升经济发展质量的内外影响机制,为政府提供了更加系统的政策思路和更加完善的政策工具。本研究一方面检验了创新集聚是否会通过就业结构、资本配置和创业活力等内部渠道影响城市经济发展质量,另一方面检验了城市蔓延、技术市场和知识产权保护力度等外部要素对创新集聚的影响,这为政府实施创新驱动发展战略提供了理论依据,同时为政府的战略协同提供了政策参考。

第二节 ▶ **文献综述**

一、创新集聚及其研究动态

近年来,有关创新地理集聚的研究不断推进,积累了丰富的研究成果;相比较而言,关于技术空间创新集聚的研究相对匮乏。需要指出的是,创新集聚强调创新在地理空间与技术空间的双重集聚,创新的地理集聚是双重集聚的一项内容,有必要将创新的地理集聚作为创新集聚的基础理论加以研究。

(一)创新集聚概念及其研究动态

熊彼特于1912年首次提出"创新"的概念,实际上也描述了创新最明显也最重要的特征——创新是在时空上成群出现的[①],或者说创新遵循地理学第一定律(Tobler,1970),这一特征被称为创新集聚、创新地理、创新的地理邻近性等。然而,此后很长一段时间内,受到"空间不可能定理"束缚,经济学界对创新集聚的研究建树不多(Puga 和 Venables,

---

①转引自:约瑟夫·熊彼特.经济发展理论——对于利润、资本、信贷、利息和经济周期的考察 [M].何畏,易家详,等,译.北京:商务印书馆,1991:249.

1996）。

进入 20 世纪八九十年代，创新地理集聚及与其相关的创新合作和创新
网络等研究领域逐渐成为研究热点。当时全球经济尚处于受金融危机深度
影响的低迷阶段，有学者却发现意大利东北部、美国硅谷等地表现出"独
树一帜"的良好发展势头，它们与典型的工业区全然不同，而是一种富有
创新活力的学习型区域，可称为"新产业区"（Scott，1988）。此后，2G 通
信网络、数字硬盘录像机、MP3 播放器等信息通信技术及硬件产业迅速发
展起来，此类富有创新活力的领域引起了学界的广泛关注。同一时段，
Porter（1990）基于竞争视角提出了"产业集群"这一包含丰富创新内涵的
概念，Cooke（1992）在国家创新体系的基础上提出了区域创新体系的概
念，Feldman（1994）对创新活动地理集中的现象冠以"创新地理"的概
念，等等。这段时间，诸如此类的重要理论和概念相继提出，与创新集聚
相关的研究领域不断拓展，并开放性地与新经济地理（Fujita，2007）等理
论相互融合，创新集聚研究的理论化程度越来越高。

早在 20 世纪 90 年代，Audretsch 和 Feldman（1996）就将创新集聚从产
业集聚的研究领域中独立出来，并指出创新集聚区比其他地区更具创新活
力，但是，后续研究总体上没有脱离具体的产业尤其是制造业来探讨创新
集聚的内在机制和特点（Gerlach 等，2009），其理论基础、研究方法乃至
测度指标都打上了产业及产业集聚等相关概念和理论的烙印。近年来，创
新集聚的相关研究呈现出特色化的发展趋势，比如多维邻近等新理论相继
融入创新集聚的研究脉络，创新集聚理论不断推进，研究方法不断丰富，
探究其内在机制成为重要的研究方向（Kolympiris 等，2011；王春杨和张
超，2013；赵星和王林辉，2020）。

（二）地理空间视角下的创新集聚

创新的地理集聚研究主要是回答这样一个问题，为什么有些地方创新成群地出现而有些地方则相对稀少？这对于区域经济发展规划和区域经济管理而言是一个重要的现实问题，也是区域经济学长期探索的焦点问题。传统的产业集聚对港口、原材料等的区位分布非常敏感，那么创新集聚为什么会在某些特定的地方出现？这些地方有什么特点？这些都是理论上亟待回答的问题。

对此，英国卡迪夫大学的库克教授等推动并发展的区域创新系统理论做了较为深入的阐述。区域创新系统指区域创新要素构成及其相互间的联结方式。已有研究根据创新要素和资源的不同关系总结出各具特色的区域创新模式，主要包含三个类型。一是强调创新主体异质性的线性创新模式。传统的创新理论将创新过程视为线性过程，重点考察企业、高校、科研机构等不同创新主体的相对重要性（Furman 等，2002）。诸多研究指出，企业在区域创新体系中处于核心地位（Asheim 和 Isaksen，2002；魏江和申军，2003；Caloffi 和 Mariani，2018）。当然，研发机构、大学、金融机构、政府、政策环境的作用也不容忽视，如 Theeranattapong 等（2021）通过文献梳理发现，大学发挥了知识创造、渠道沟通和组织建设等创新系统的重要功能。二是强调系统性的复杂创新模式。随着对传统线性创新模式的反思和批判，互动、网络、模块化等更为复杂的创新模式被提出（Capello 和 Lenzi，2018）。由此，区域创新系统被分解和细化为各类相互关联的子系统，诸如信息、技术和组织等（Tura 和 Harmaakorpi，2005），知识创造、知识获取和企业创新等（柳卸林和胡志坚，2002；Herstad 等，2018），创新资源集聚、创新组织攻关和技术创新实现等（赵彦云和吴翌琳，2010）。三是强调要素综合的模式。区域创新是企业、高校、研发机构、服务中介和政府等不同创新主体协同的过程，也是对信息、知识、人才和市场等各种资源进行整合的过程，还是对技术、制度、管理和组织等要素进行有机组合的过程（邵云飞和谭劲松，2006；Am 等，2020）。

地理空间视角带来的另一个重要特征是创新集聚偏向城市，而且比产业集聚和人口集聚的程度更高（Carlino 和 Kerr，2015）。城市拥有高校、科研机构、高新技术企业等重要创新主体，还集聚了充足的人力资源、健全的信息网络、发达的交通体系和丰富的知识密集型服务业（Kekezi 和 Klaesson，2020），是创新活动密集且活跃的综合平台。事实上，已有的诸多研究发现，创新集聚的区域往往是综合服务完善且人才会聚之处，尤其是大城市的中央商务区，这在美国、西班牙、法国、英国和中国都有类似的案例（Birch，2009；Méndez 和 Moral，2011；Teirlinck 和 Spithoven，2008；Halbert，2012；Airoldi 等，1997；段德忠等，2016）。进一步地，Feldman（1999）发现超过 96% 的新产品在大城市发布，大部分集中在都市区。Bettencourt 等（2007）发现大城市的专利申请者占人口的比重远高于中小城市。Carrincazeaux 等（2001）发现，6 个最发达的地区会聚了法国 75% 的研发人员，而普通劳动力仅在这些地区占劳动者的 45%；Buzard 和 Carlino（2013）则比较了制造业企业和研发机构的空间分布格局，发现研发机构的空间分布比制造业企业更集中；Chatterji 等（2014）分析了 20 世纪 90 年代美国的 3 类经济要素在地理空间集聚的特征，发现 75% 的人口、92% 的专利以及几乎全部创业投资机构都集中在纽约等主要城市。

（三）技术空间视角下的创新集聚

虽然地理空间在创新集聚中发挥了非常重要的作用，但是许多研究也指出了研究创新集聚并不能仅限于地理空间的单一视角。事实上，地理空间视角下的创新集聚不得不面对这样的提问：获得同样的研发投入，为什么不同地区创新成果的种类差异明显？因此，研究创新集聚的视角逐渐从地理维度转向技术维度，如 Fleming 等（2001）提出了区域知识（技术）基础理论，也就是不同地区的技术基础是不同的，从而后续产生的技术种类也存在差异。也有研究指出，创新是对区域特色知识（技术）进行重新组合的过程（Broekel 等，2015；柳卸林等，2017），一个地区的创新能力很难被简单复制，区域技术知识的存量、变化和流动往往成为衡量区域创新能力的重要指标（Gónzalez-Pernía 等，2012）。其中，影响较为深远的是 Asheim 等（2006）领衔的异质性知识基础学派的系列研究，他们在 Laestadius（1998）的知识二分法的基础上提出了广受关注的 SAS 知识三分法，部分学者以此分类方法对意大利、北美、德国等地区开展研究（Grillitsch 等，2016；Lazzeretti 等，2017；Bennat 和 Sternberg，2020），验证了异质性知识基础影响区域创新发展的技术路径。

同样，研究创新网络等微观机制的创新经济学家也发现，地理因素不能完全解释创新集聚的内在机制，其他因素在促进交互式学习、形成创新网络的过程中作用并不比地理因素小（孙哲等，2017；Marek 等，2017；De Noni 等，2018）。近年来的研究逐步将创新集聚从地理空间拓展到技术空间等其他空间维度（Balland 等，2015；李琳和雒道政，2013；Martin 等，2018）。基于技术空间视角，创新集聚过程可以看成对旧技术进行组合并形成新技术的过程，反映了创新的技术依赖路径（Whittle 和 Kogler，2020）。因此，不同地区在技术空间中的位置决定了其创新发展路径（Boschma 等，2012）。

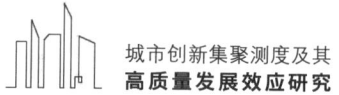
二、创新集聚的内在机制

创新活动为什么会在地理空间集聚？为什么会在技术空间关联？其内在机制是什么？已有研究尚未完全超越产业集聚的理论视野（Carlino 和 Kerr，2015），总体上仍然围绕马歇尔提出的三类集聚外部性（厚劳动力池、共享中间投入品和知识溢出）进行拓展。

（一）技能匹配机制

创新之所以在特定空间集聚，其中一个重要原因是多元化的创新人才会聚在既定的地理空间，这是一种"物以类聚"现象，可以提高创新创业领域劳动力市场的匹配效率（Gerlach 等，2009；Leiponen，2005；Boschma 等，2014）。具体而言，创新集聚区拥有更丰富更多元化的就业岗位，劳动力之间的合作概率更大，人才拥有大量的潜在合作伙伴，从而降低了人才之间相互等待的机会成本（Berliant 等，2006；Gnyawali 等，2016）。创新集聚形成了厚实且丰富的人才库，能更好地满足企业常规的劳动力需求（Martin 等，2018），也可以满足一些企业对高精尖人才的特殊需求（Strange 等，2006）。同时，得益于创新集聚区内大量企业和人才的不断匹配，自然而然地产生了人才价值的市场化评价机制，这又进一步演化出人才自我发展、自我成长的激励机制（Rotemberg 和 Saloner，2000），从而进一步提高了匹配效率。创新集聚提升技能匹配效率的典型特征是人才的流动性变高，这在硅谷的计算机和软件等高新技术行业尤其明显，其跳槽率远高于其他地区（Fallick 等，2006；Freedman 等，2008）。

（二）服务共享机制

创新的地理集聚会衍生出与之配套的各类服务，创新的技术集聚会进一步提升服务的精细化和专业化水平。无论是创新的地理集聚还是技术集聚，都会引得创业投资基金、技术交易中介、知识产权服务机构、实验设备仪器共享平台、律师事务所等服务机构和平台的"扎堆"和进行服务共享，通过发挥规模效应与网络效应，形成专业化、低成本、丰富实用的创新服务供给体系（Kekezi 和 Klaesson，2020）。Ehrl 和 Monasterio（2020）、Kolympiris 等（2011）发现风险投资机构往往在创新集聚区"扎堆"，也更有意愿向区域内的创业者开展风险投资。近年来，还出现了众创空间、创业导师团、路演平台等新型的创新服务机构和平台，为创新提供更加系统全面的服务（王海花等，2020）。集聚区内的共享创新服务降低了创新的成本乃至创新的风险，让创业者可以专注于自己的专业领域（Schilling，2000；Perruchas 等，2020），提高了创新的成功率，使企业有更强劲的动力进行创新（Gerlach 等，2009）。

（三）知识溢出机制

知识溢出起源于产业集聚，并成为产业集聚领域解释区域内外相互作用的关键因素。对于创新集聚，知识溢出的重要性则更加突出（Audretsch 和 Feldman，1996；Aghion 和 Jaravel，2015），集中表现为创新集聚进一步畅通了缄默知识的溢出渠道。对于缄默知识的扩散和传播，最重要的是专业人才之间面对面的交流。创新集聚营造的物理空间、技术平台等都会使缄默知识更好地流动和溢出（Audretsch，1998；Asheim 等，2007；Audretsch 等，2021）。事实上，创新集聚意味着人才等知识载体在同一地理空间和技术领域集中，那么创新人才、创意人才之间不经意的交流和对话就可能促进知识的流动（Belitski 等，2021）。换一个角度看，创新集聚实际上减少了知识沟通的障碍或者沟通成本。比如专利引用存在近距离的偏好，其原因就是技术和知识更容易通过溢出渠道被近距离的创新人才获取和理解（Murata 等，2014；Kwon 等，2020）。实际上，早在 20 世纪 40 年代，贝尔实验室在设计办公楼空间结构的时候就已经考虑到如何建造有利于员工之间的交流（Gertner，2012）。当前，例如阿里巴巴、腾讯、网易等都优化了办公楼工作和娱乐空间的布局，其目的就是加强员工之间的知识交流和创意碰撞（Ko 和 Liu，2015）。

三、创新集聚的测度方法

早期主要采用案例分析法进行创新集聚的测度，如 Saxenian（1985）以硅谷和波士顿 128 号公路为案例研究了创新集聚现象。进入 20 世纪 90 年代后期，学者们开始利用大规模的数据定量测度创新活动的空间集聚现象。

（一）关于测度对象的选取

无论是聚焦创新的地理集聚还是技术集聚，首先要确定测度对象，选取合理可行的创新指标。一般而言，已有研究主要从创新的投入、组织和产出三个层面进行测度，因此形成了创新投入、创新组织和创新产出三类测度指标。（1）创新投入指标，主要包括研发人员（Adams，1990；Heij 等，2020）和研发资本（Adams，2002；Jaffe，1993）等。（2）创新组织指标，主要包括创新型企业（Acs 等，2002）、实验室和科研单位（孙瑜康 等，2017）等。（3）创新产出指标，常见的有专利等知识产权数（Kerr，2010；Abramo 等，2020）、科学类出版物出版数（Nelson，2009；单伟 等，

2017)、新产品发布数（Capello 和 Lenzi，2014；陈光华等，2015）等。实际上，虽然对以何种标准选取创新的测度指标尚存在较多争议，但是研究者都在数据可得性等约束下尽可能地采用了最合适最有效的指标（OECD 和 Eurostat，2005；Feldman 和 Kogler，2010）。

（二）关于测度指标的选取

创新地理集聚的测度指标在沿用产业集聚相关指标的基础上，重点围绕如何体现溢出效应以及如何避免"可塑性地理单元问题"（Modifiable Areal Unit Problem，MAUP）的影响这两大问题不断发展。一是地理集聚的测度方法从无到有体现了溢出效应。原来的区位商（如 Sun 等，2008）、空间基尼系数（如 Krugman，1991；Feldman 和 Audretsch，1999）、赫芬达尔-赫希曼指数（如 Verspagen 等，2004；Pelloesso，2015）等都没有体现溢出效应。因此，一些学者发展并运用了若干纳入溢出效应的测度指标，如 E-G 指数（Ellison 和 Glaeser，1997；Rosenthal 和 Strange，2001；Fornahl 和 Brenner，2009）、地理集中指数（Liu 等，2009；赵建吉和曾刚，2009）和莫兰指数（Lim，2003；余泳泽和刘大勇，2013；程开明和章雅婷，2018）。二是开始采用连续距离测度法。近年来，一些研究者采用了连续距离测度法（Duranton 和 Overman，2005；Murata 等，2014；Kerr 和 Kominers，2015；李佳洺等，2016；王建华等，2019 等）。如 Buzard 等（2017）用此分析了美国研发实验室在一系列空间尺度上的分布状态。需要指出的是，连续距离测度法对数据的要求较高，对应的数据类型是包含经纬度坐标的点状数据，此类距离测度法还未能被广泛采用。

现有研究已经关注到创新活动具有技术集聚的特征，科学有效的测度是更好地理解产业、城市和国家层面技术集聚现象的重要手段。事实上，过去十余年，经济地理学界一直在探索此类问题（Neffke 等，2011；Kogler

等，2013）。受产品空间研究方法的启发，部分研究通过开发技术、知识、行业、技能等微观数据库，从个体、区域或城市层面开展分析。Boschma（2017）重点分析了城市创新集聚对区域技术多样化的影响。Whittle（2019）描绘了爱尔兰的技术发展路径。也有研究聚焦于细分技术领域，如 Tanner（2014）研究了欧洲燃料电池技术的成长路径，Colombelli 等（2014）分析了欧洲纳米技术的成长路径，Feldman 等（2015）研究了 rD-NA 技术在美国大都市区的空间扩散规律。部分文献将多个微观数据进行匹配，开展了更深入的研究，如 Eriksson 等（2017）将技术与劳动力联系在一起，重点分析区域技术集聚是否会影响特定劳动力的流动。Neffke 等（2018）采用技术空间视角分析失业工人寻找新工作的成功率。

四、创新集聚的经验研究

创新集聚的经验研究主要体现为两类：一是测度结果的比较研究，包括区际比较和动态演化分析；二是测度结果对经济发展的影响分析。需要指出的是，现有研究文献对创新集聚、创新活动及创新能力等往往采用相同的指标和数据衡量，比如专利数、新产品发布数、研发人员数和研发经费等。事实上，已有的部分文献并没有严格区分上述概念，这些指标实际暗含了创新活动的集聚特征。因此，本研究将不限于创新集聚这一特定的概念，而是将与创新的空间分布及其效应相关的文献也纳入综述的范围。

（一）关于空间结构的统计描述

为系统描述创新活动空间结构特征及其演化趋势，已有文献往往采用多种统计方法。葛鹏飞等（2020）运用耦合协调度模型、Dagum 基尼系数、莫兰指数考察我国创新与经济两个系统的耦合协调度在地区特征、差异性及空间效应上的表现。程风雨（2020）采用 Dagum 基尼系数及其分解法对粤港澳大湾区内科技创新发展的空间差异进行了分解。陈培阳和朱喜钢（2011）通过探索性空间数据分析得出，福建省创新活动的空间自相关性呈不断强化的发展趋势。范柏乃等（2020）、赵星和王林辉（2020）及何舜辉等（2017）采用全局空间自相关和局域空间自相关等探索性空间关联模型研究了中国地级及以上城市创新的时空格局演变。曹勇等（2013）的研究表明，我国四大直辖市的区域创新差距变动大致呈现"Z"形曲线。桂黄宝（2015）的分析表明，2000—2012 年间我国省际创新差距呈扩大趋势。王宇新和姚梅（2015）发现我国区域创新空间分布呈现不均衡和空间正相关特征。张艾莉和李月明（2016）的研究表明我国区域创新分布不均衡问题非常严重，并进一步按照创新发展水平对区域进行了等级划分。杨明海等（2017）、杨明海等（2018）对中国七大城市群、八大综合经济区的研究均发现，区域创新的空间差距呈缩小趋势，但依然非常显著。

（二）关于集聚效应的统计检验

一是创新地理集聚效应的统计检验。Rocchetta 和 Mina（2019）认为持续不断的创新能够提升区域经济的韧性。叶祥松和刘敬（2018）发现，科学研究在短期内对提高全要素生产率没有直接影响，技术开发对提高全要素生产率存在显著抑制作用。孟猛猛等（2021）从专利质量的角度分析了创新对经济高质量发展的影响。程郁和陈雪（2013）的研究表明，技术进步对高新区经济增长的贡献率为 26.81%。唐未兵等（2014）发现技术创新与经济增长集约化水平负相关。庞瑞芝等（2008）的研究表明，省级科技创新对经济发展的支撑作用普遍偏低。白俊红和王林东（2016）的研究发现，创新驱动能够显著提升全国和东部地区的经济增长质量，但是对中西部的效果不明显。葛鹏飞等（2017）研究了创新的绿色 TFP 效应。吴翌琳

（2015）研究了创新的就业效应，还有周云波等（2017）研究了创新的收入效应。

二是创新技术集聚效应的统计检验。随着专利数、新产品数等细粒度数据的开发，Balland 等（2018）、Boschma 等（2014）、Boschma 等（2012）和 Kogler 等（2013）等借用 Hidalgo 等（2007）、Hidalgo 和 Hausmann（2009）开创的产品空间理论，对创新技术集聚开展了实证研究。如 Kogler 等（2013）将美国城市的创新集聚格局用技术空间的形式进行展示，发现一些城市的创新保持连贯性，而另一些城市出现了技术换轨现象。Rigby（2015）的研究发现，技术创新成功的概率取决于现有技术与潜在技术的关联程度。Boschma 等（2014）进一步从城市整体层面研究了创新集聚的作用，如果城市创新集聚的密度提高10%，也就是城市现有技术的关联程度提高10%，那么获得新技术的概率将提高30%，而失去原有技术的概率则降低8%。Kogler 等（2017）的研究发现，创新集聚的演变趋势一定程度上可以用于预测区域整体的经济社会发展走势。

五、简要评述

总体而言，经过众多学者的长期努力，现有研究对城市创新集聚的内涵和重要性等方面已达成一定共识。但是，目前尚未系统地建立起创新集聚完整的理论体系，也缺乏能揭示创新集聚多重特征的测度方法。具体而言，主要体现在以下几个方面。

第一，现有研究主要是从地理空间层面对城市或区域创新集聚开展研究，对技术空间层面集聚机制的研究有待深入。事实上，创新活动并非无差异地进行投入产出，而是异质性技术重新组合的过程。传统的地理集聚更多地关注创新的规模效应，即便是技术匹配、服务共享和知识溢出等创新集聚的重要影响因素也难以与技术集聚直接关联，未能揭示创新集聚中重要且核心的技术集聚机制，从而弱化了创新集聚对经济发展的作用。

第二，现有创新集聚的测度方法主要借鉴了产业集聚等传统领域的研究方法，不能揭示城市创新集聚在技术空间中的特征。客观而言，现有研究往往受限于创新活动投入、产出等总量数据或专利数量等同质性技术加总指标，难以有效体现技术的异质性特征，也就无法从测度层面体现技术集聚的特征，创新集聚的测度理论和指标有待进一步发展。

第三，现有研究从创新集聚的动态演化及其对经济发展的影响等诸多方面开展了丰富的研究，特别是关于创新集聚的时空特征及其对经济发展作用的研究为本研究提供了重要的理论和方法支撑，但是受数据和测度方法的限制，相关研究容易忽略对技术空间层面的讨论。特别是，笔者阅读所及，鲜有文献对城市创新集聚与经济发展质量的内在关联给出正面回应，尚不能直接判断城市创新集聚对经济发展质量的影响程度，也无法得知城市创新集聚驱动经济发展质量提升的具体机制。

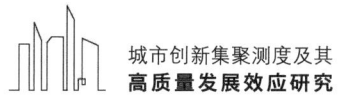
第三节 研究内容与框架

一、研究内容

本研究在系统梳理和分析国内外相关研究成果的基础上，从"地理—技术"双重集聚的视角构建城市创新集聚指标，进一步开展对城市创新集聚影响经济发展质量的理论分析和实证检验。

第一章为绪论。阐述研究背景与意义、研究内容与框架、研究思路与方法，开展文献综述并归纳本研究的创新之处。

第二章为城市创新集聚的理论基础。基于创新地理和技术空间等的基本理论和方法，梳理并归纳城市创新"地理—技术"双重集聚的内涵特征，从理论层面讨论创新集聚的动态发展机理及其对经济发展质量的影响。

第三章为城市创新的地理集聚特征事实。考虑到创新集聚是以地理集聚为基础的，有必要从地理层面初步识别城市创新的空间格局。因此，采用Pareto指数、Dagum基尼系数及其分解、核密度估计等，从全国层面、东中西三大区域和细分技术领域深入分析城市创新在地理空间上的结构、演变和差异。

第四章为城市创新集聚的统计测度。基于城市创新集聚的特征，采用中国发明专利微观数据实际测算城市创新集聚指标。具体测算过程包括搭建"专利微观数据库"、编制"城市—技术分类矩阵"、编制"城市—技术二模矩阵"、编制"技术关联矩阵"、绘制技术空间、测算城市创新集聚指标等步骤，并从发展趋势、空间格局及其演变规律等方面对创新集聚的特征开展分析，为后续进行实证分析打好基础。

第五章为城市创新集聚提升经济发展质量的总体效应。采用2003—2018年中国285个地级及以上城市的面板数据，实证检验城市创新集聚对提升经济发展质量的作用，并对这一结果开展内生性分析，还从多种角度进行稳健性检验。进一步地，从所处方位、城市规模、城市等级、时期差异、分位数等角度开展异质性分析。

第六章为城市创新集聚提升经济发展质量的机制检验。同样采用2003—2018年中国285个地级及以上城市的面板数据，从内部渠道和外部环境的双重角度进行实证检验。一是从就业结构、资本配置和创业活力等内部渠道出发，采用中介效应模型对城市创新集聚影响经济发展质量的中介机制开展研究。二是立足于城市蔓延、技术市场和知识产权保护力度等外部环境因素，对创新集聚影响经济发展质量的调节机制开展理论分析和实证检验。

第七章为城市创新集聚提升经济发展质量的溢出效应。还是采用2003—2018年中国285个地级及以上城市的面板数据，分别以地理邻接和地理距离为参数构建空间权重矩阵，采用空间杜宾模型实证检验了创新集聚对经济高质量发展呈现的空间溢出效应，并进一步验证了空间溢出效应的倒U形变动趋势。

第八章是主要结论与政策启示。提炼归纳研究的主要结论，并从中国经济高质量发展的现实问题与实际需求出发，根据对城市创新集聚形成与发展的内在规律及其对经济发展质量的直接影响、异质性影响和影响机制等的研究结论，对如何让城市创新成"群"成"网"及如何推动经济发展质量提升等方面提出政策建议。

二、研究框架

根据以上内容安排，研究框架如图1–1所示。

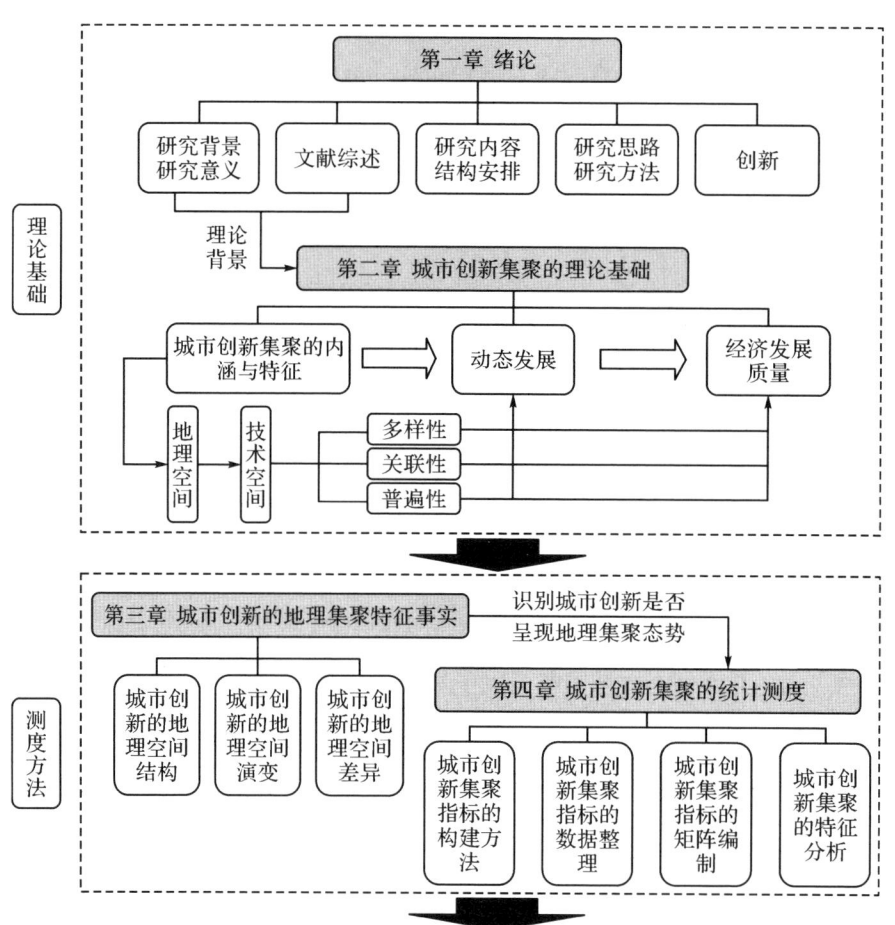

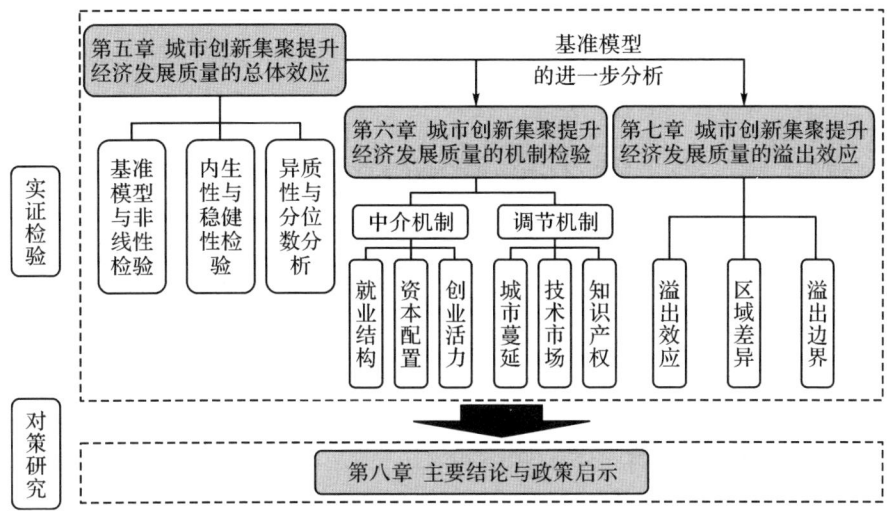

图 1-1　研究内容框架

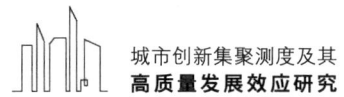

第四节 研究思路与方法

一、研究思路

本研究以“地理—技术”双重集聚为视角，以城市创新集聚测度为核心，以检验城市创新集聚对经济发展质量的影响及其作用机制为重点，研究思路如图1-2所示。基本思路为：第一步，阐明研究背景与意义，梳理城市创新集聚及其对经济发展质量影响的理论研究脉络，明确研究的核心问题，构建理论基础。第二步，在测度城市创新地理空间格局的基础上，构建揭示“地理—技术”双重集聚机制的城市创新集聚测度指标。第三步，实证检验城市创新集聚对经济发展质量的影响与影响机制等。第四步，结合理论分析与实证检验，得出基本判断和结论，从施政理念、平台建设、市场化改革与政府治理等角度提出政策建议。

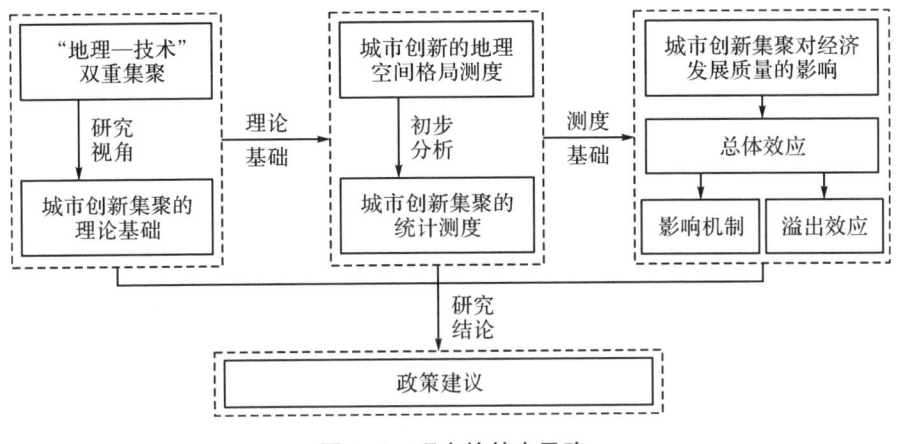

图1-2　研究的基本思路

二、研究方法

（一）文献查阅与分析法

通过图书馆、专业文献检索平台等多种途径，系统检索国内外关于创新地理、技术空间、创新集聚和经济发展质量等的文献和资料，通过专业文献管理软件对重要文献和资料进行归档、分类和标记。系统梳理已有研究成果并阐明有待深入的研究领域，厘清本研究的研究思路并构建理论基础，为后续研究做好理论准备。

（二）综合使用多种数据整理和测算方法

采用网络爬虫等技术开展数据的采集和整理，搭建"专利微观数据库"；采用正确地址归类、数据库内部匹配、邮编匹配、百度API匹配及手工纠错等方法，开展以年度、技术类别和城市为分类标准的个体专利数据汇总，编制"城市—技术分类矩阵"；开展技术比较优势、技术关联系数等指标测算并据此编制"技术关联矩阵",进而测算城市创新集聚指标。

(三)综合采用多种空间和网络统计方法

为分析城市创新地理集聚的时空格局、演变趋势及其差异来源,综合采用Pareto指数、Dagum基尼系数及其分解、核密度估计等,从全国层面、东中西三大区域、细分技术领域等维度开展分析。此外,为揭示"地理—技术"双重集聚的时空格局,采用最大生成树算法、Gephi软件的Force Atlas2算法、探索性空间数据分析法、转换概率矩阵等统计方法开展网络结构、差异性和流动性分析。

(四)综合采用面板数据计量模型的多种估计方法

采用带被解释变量滞后期的固定效应模型估计城市创新集聚对经济发展质量的影响,并通过面板工具变量法进一步讨论基准模型的内生性;通过分组检验和交乘项开展异质性分析,通过面板分位数模型研究创新集聚在不同经济发展质量和水平上的作用差异;通过中介模型估计法检验创新集聚影响城市经济发展质量的中介机制并计算中介效应的贡献率,通过调节效应模型分析城市蔓延等环境因素的作用。

第五节 创新之处

本研究构建了基于"地理—技术"双重集聚的城市创新集聚测度指标，据此以我国地级及以上城市为空间单元开展城市创新集聚的实际测度，并从全国、分区域、细分技术领域等多个层面开展创新集聚的地理空间格局测度。进一步地，就城市创新集聚对经济发展质量的直接影响、异质性影响和影响机制开展理论和实证分析。本研究与现有文献相比，主要贡献有以下几点。

一是在测度方法上，与以往采用总量性指标或综合性指标衡量城市创新的研究不同，本研究基于"地理—技术"双重集聚的视角，从技术多样性、技术关联性和技术普遍性三个维度构建城市创新集聚的测度指标，包含了创新集聚更关键的技术空间特征，可在一定程度上弥补已有创新集聚测度指标内涵单一、测度有偏的缺陷，为有效测度城市创新集聚提供了一种新的研究思路。

二是在数据开发上，本研究系统采用正确地址归类、数据库内部匹配、邮编匹配、百度API匹配及手工纠错等方法，对国家知识产权局公开公布的1985—2018年10072416件发明专利进行地址归并，进而根据城市、技术类别、年度三个分类整理出多指标的数据文件，用于城市创新集聚指标的测算。这提升了专利微观数据的开发价值，进一步拓展了其应用领域。

三是在研究内容上，本研究综合采用Pareto指数、Dagum基尼系数及其分解、核密度估计等多重视角的统计方法，从全国层面、东中西三大区域和细分技术领域深入描绘城市创新集聚在地理空间的结构、演化趋势等方面的差异。此外，本研究在从理论角度分析创新集聚影响城市经济发展质量机理的基础上，采用2003—2018年中国285个地级及以上城市的面板数据，从就业结构、资本配置和创业活力等内部渠道与城市蔓延、技术市场和知识产权保护力度等外部环境的双重角度，采用中介效应模型和调节效应模型对城市创新集聚影响经济发展质量的作用机制开展了经验研究。这丰富了城市经济发展质量研究的视角，是对现有创新集聚相关研究的有益补充。

Chapter 02

第二章
城市创新集聚的理论基础

通过文献回顾不难发现，城市创新集聚的相关研究尚不完善，忽略了技术层面的研究，未形成"理论→测度→效应→机制"这一研究脉络，而这对于有效测度创新集聚并进一步分析其对经济发展质量的作用机制至关重要。

第一节　城市创新集聚的内涵与特征

一、城市创新集聚的内涵界定

城市创新活动不仅会在地理空间集聚成"群"，还会在技术空间集聚成"网"。现有研究往往只关注了"双重集聚"中的地理空间集聚，难以有效揭示城市创新集聚的本质。本研究将城市创新活动兼具地理空间集聚与技术空间集聚的现象称为城市创新集聚，也就是城市创新不仅是无差异技术在地理空间的集聚，而且是异质性技术在技术空间的集聚。创新活动在技术空间的集聚通常是由特定的技术关系决定的，即技术距离或技术邻近程度。

二、城市创新集聚的主要特征

传统上，受投入产出理论的启发，创新理论常常沿用知识生产函数，将创新过程抽象为要素的投入产出活动，区域创新往往采用创新的投入、产出或效率加以衡量，以上三者成为创新政策决定研发投入方向和领域的重要参考。然而，投入产出理论忽视了投入要素之间的互补关系（Hausmann和Hidalgo，2010；Brummitt等，2017）。

创新过程不仅仅是将各类投入要素进行数量加总，还是技术之间的重新组合（Frenken等，2012），缺少某一必要技术，无论其他要素的投入量大或小，创新都难以开展。事实上，不同的技术蕴含着特定的能力；从组合的角度看，创新是一系列相互关联的异质性技术"串"起来形成新技术的过程，是"搭积木"式的组合过程。这里沿用Hidalgo和Hausmann（2009）的乐高积木案例（见图2-1），图2-1中的每一项技术（A1、A2、A3）都有特定的创新能力，其能力的构成及组合方式都存在差异。新技术B是异质性技术A1、A2、A3重新组合的结果，实际上也是各技术内含能力的重新组合结果。

换言之，城市所拥有的技术不仅有规模大小之别，还有技术门类和种类差异，即技术是有异质性的。技术异质性是由技术类型、质量等特征表现出来的技术差异，本质上是由内在的不同创新能力决定的，技术和创新能力是"表"和"里"的关系。在具体技术领域，技术异质性导出了技术的三个基本特征。

一是技术的多样性。技术可用技术分类的方式表示，如专利技术可以根据国际专利分类号（IPC）被分为A—H8个部类，又可以进一步细分为大类、小类等，体现了技术的多样性。不同IPC分类号记录着具有显著差

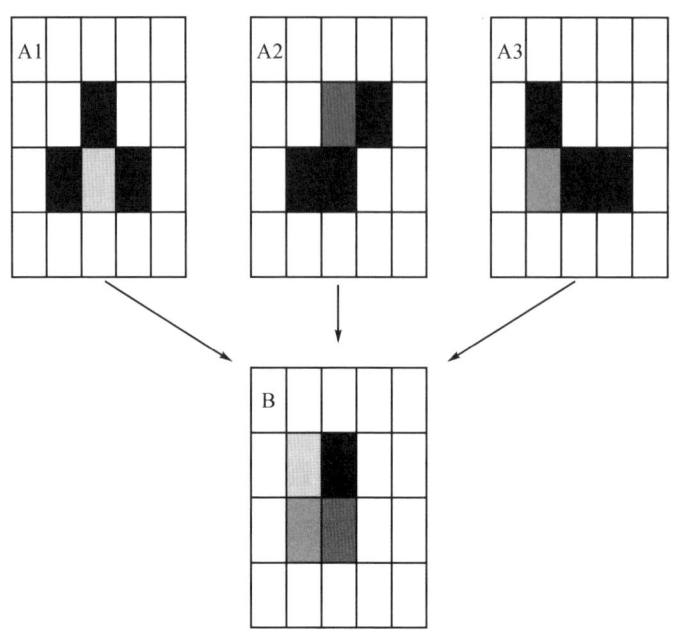

图2-1 组合创新及技术异质性案例

异的技术，如C部技术是化工、冶金，而H部是电学。不同分类号代表全然不同的技术领域。

二是技术的普遍性。技术异质性还表现为不同技术具有不同的前沿性、新颖性和复杂性等质量属性。如果一些技术被越来越多的个人和企业掌握，那么，该技术在经济社会中的普及率就越来越高，新颖程度也会随之降低；相反，一些新近出现的技术先进且掌握在少数人手中，技术的普及率就很低。比如，近年来兴起的金融科技的普及率很低，处于技术前沿，是国内外创新的一个赛场，所对应的IPC为G06Q20、G06Q30、G06Q40[①]。

三是技术的关联性。技术异质性还体现在不同技术之间的关系强弱程度上。如浙江省永康市是五金之乡，其现有的技术与该地区历史上有诸多

---

① 转引自《2019年全球金融科技发明专利排行榜》。

铁匠等五金领域的能工巧匠留下的工艺技术不无关系，这是技术关联性对区域技术演化路径发挥着作用。技术关联性的作用在这次新冠疫情中表现得淋漓尽致。如中国航空制造技术研究院3天内就完成了口罩生产机器的图纸设计，仅用16天，首台样机研制成功；同样，西安航天发动机有限公司用4天就设计出口罩机制造方案，15天时间就调试出首批平面口罩机生产线和全自动N95口罩机生产线。之所以航空企业能够在短时间内转产到口罩机生产，是因为航空领域的生产技术与口罩机的生产技术具有很强的技术关联性。

三、城市创新集聚的概念模型

基于技术异质性的概念与特征，从城市或区域层面看，不同技术组合在一起就形成了城市创新集聚的技术空间，其概念模型如图2-2所示，可以描述技术之间的关系网络。技术空间的节点为技术，节点之间连线的粗细反映了技术之间的关联程度高低。某项技术与其他技术之间的关联程度越高，说明两者之间的技术能力差异越小，越容易从一项技术升级到另外一项技术；关联程度越低，升级的难度也就越大。

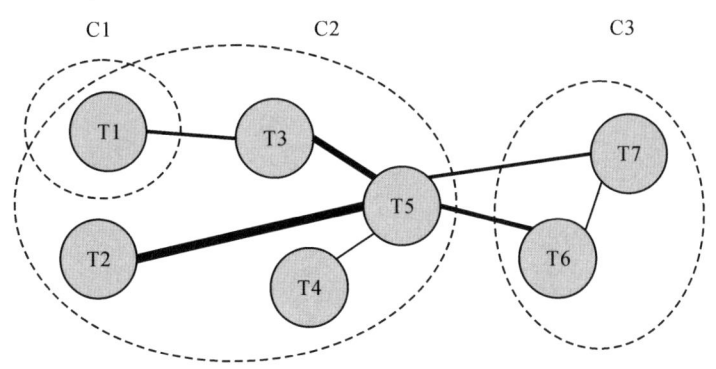

图2-2　城市创新集聚的概念模型

图2-2的概念模型中，灰色圆圈表示7项技术（T1，T2，…，T7），技术间的连线表示技术之间的关联度，关联度的高低用直线的粗细表示，越粗表示关联度越高。因此，每项技术在技术空间的位置代表了自身的技术含量，如果某城市具备开发该技术的能力，也就代表了某城市具备相关的创新能力。此外，虚线椭圆表示三个城市（C1，C2，C3），其各自包含了数量和类型不等的灰色圆圈。具体而言，城市C1只对技术T1具备创新能力，城市C2对T1、T2、T3、T4、T5都具备创新能力，城市C3对T6和T7具备创新能力，不同城市所具备的创新能力之和实际上就代表了整个系统的创新能力，也就是城市创新集聚的程度。因此，城市创新集聚程度可以根据城市拥有的技术节点确定，为其中每个技术节点都赋予一个权重，也就可以看出技术关联的平均密度。

由以上分析可以得出，基于城市创新的"地理—技术"双重集聚的内涵，城市的创新集聚程度由三个因素决定：（1）技术普遍性，即城市在某项技术领域是否具有显性比较优势；（2）技术多样性，即城市具有显性比较优势的技术类别数；（3）技术关联性，即某项技术与其他技术的关联度。

| 第二节 | 城市创新集聚动态发展的理论模型 |

不同技术内含的创新能力存在差异，旧技术升级到新技术的过程是技术升级和创新能力提升的过程，也是城市创新集聚动态发展的过程。那么技术升级过程受到哪些自身特征的影响？本节将从个体技术层面阐明创新集聚动态发展的过程。

一、城市创新集聚的关联性与动态发展

技术的关联性实际上会推动形成一个技术网络，这个网络往往被称为技术空间（Rigby，2015），两种技术在空间中的距离远近由技术内含的创新能力的关联性决定，关联程度越高，距离越近，技术转换越容易；反之，则技术转换越难。

从技术空间看，城市创新集聚水平实际上是城市具备的所有技术内含的创新能力的总和，反映了城市的整体创新能力。这种能力被视为多种能力模块的集合。城市中的创新主体通过对这些技术能力模块重新组合可以创造其他潜在的技术，现有技术与潜在技术之间的距离反映了城市现有技术与潜在技术的创新能力差异，也决定了技术升级的路径与幅度。

借用 Hidalgo 等（2007）针对产品领域提出的 HK 模型（张其仔，

2008；邓向荣和曹红，2016），本章分析技术升级的逻辑。假定城市具备开发一项技术 i 的能力，技术 i 的收益为 P_i，同时存在一类具有更高潜在收益的技术 j（$P_j > P_i$）。那么，如果该城市能从技术 i 升级到技术 j，可以获得的额外收益为：

$$\Delta P_{i,j} = f\delta_{i,j} \qquad (2-1)$$

其中，$\delta_{i,j}$ 是技术 i 和 j 之间的距离，当 $i = j$ 时，$\delta_{i,j} = 0$；当 $i \neq j$ 时，$\delta_{i,j} > 0$。

技术升级需要承担相应的创新成本，假设其增加的成本与技术升级幅度的平方成正比：

$$C(\delta_{i,j}) = \frac{c\delta_{i,j}^2}{2} \qquad (2-2)$$

从而，技术升级带来的利润为：

$$\max_{\delta_{i,j}} \Pi = f\delta_{i,j} - \frac{c\delta_{i,j}^2}{2} \qquad (2-3)$$

通过对利润函数求导，得到获取最大转型利润的最优升级幅度：

$$\delta^*_{i,j} = f/c \qquad (2-4)$$

此时对应的最大利润为：

$$\Pi_{\delta^*_{i,j}} = f^2/2c \qquad (2-5)$$

从单一技术看，技术升级或者说创新集聚的动态发展存在最优升级幅度的约束。也就是说，如果潜在技术 j 与现有技术 i 在技术空间中的距离大于 $2f/c$，那么该城市无论选择何种升级幅度，依据利润最大化原则，其现有创新能力都无法实现这种技术跳跃，也就是说在 HK 模型的假设下，创新集聚的动态发展遵循式（2-4）的成长路径。

二、城市创新集聚的多样性与动态发展

上述模型只考虑了城市单一技术线性升级的路径，忽视了城市集聚了多种异质性技术，具有多样性的创新能力的情况。如果城市中的 i 技术升级到 j 技术的成本很高甚至难以承担，也可以选择通过其他技术升级到 j，城市的技术多样性让城市的技术进步路径具有更多的选择。

因此，在 HK 模型的基础上，加入创新集聚多样性特征，城市有多种选择可以从 i 升级到 j。此时公式（2-2）的创新成本就会下降到进行最优技术升级的最小成本 $c_{\min}(\leqslant c)$：

$$C(\delta_{i,\ j}) = \frac{c_{\min}\delta_{i,\ j}^2}{2} \tag{2-6}$$

从而，技术升级带来的利润为：

$$\max_{\delta_{i,\ j}} \Pi = f\delta_{i,\ j} - \frac{c_{\min}\delta_{i,\ j}^2}{2} \tag{2-7}$$

通过对利润函数求导，可以得到最优升级幅度：

$$\delta^*_{i,\ j} = f/c_{\min} \tag{2-8}$$

最后，得到相应的最大利润为：

$$\Pi_{\delta^*_{i,\ j}} = f^2/2c_{\min} \tag{2-9}$$

显然，此时的最大利润水平比原来的高。这就说明城市创新集聚的多样性有助于以更小的创新成本、更大的利润实现同样的动态发展。

三、城市创新集聚的普遍性与动态发展

上述模型对单一创新主体技术升级的刻画或许成立，但忽视了技术的

普遍性特征。技术能力可以通过学习和模仿向外扩散，成为多名创新主体的能力，技术的创新能力被普及化，技术的普遍性就提升。此时，升级到技术j的路径除了同一创新主体的升级路径（$i{\rightarrow}j$）之外，也包括其他创新主体的升级路径（$i'{\rightarrow}j$）。因此，将技术普遍性引入城市创新集聚的普遍性，表明技术内含的创新能力被v名创新主体（$v > 1$）所掌握。技术普遍性越高，技术的创新性和复杂性就越低，反之亦成立。相同技术升级幅度下，引入普遍性表明创新竞争的程度加剧，可以获得的额外收益将降低为：

$$\Delta P_{i,\,j} = f\delta_{i,\,j}/v \qquad\qquad （2\text{-}10）$$

从而，技术升级带来的利润为：

$$\max_{\delta_{i,\,j}} \Pi = f\delta_{i,\,j}/v - \frac{c_{\min}\delta_{i,\,j}^{2}}{2} \qquad\qquad （2\text{-}11）$$

通过对利润函数求导，得到获取最大转型利润的最优升级幅度为：

$$\delta_{i,\,j}{}^{*} = f/vc_{\min} \qquad\qquad （2\text{-}12）$$

同样得到相应的最大利润为：

$$\Pi_{\delta_{i,\,j}^{*}} = f^{2}/2vc_{\min} \qquad\qquad （2\text{-}13）$$

因此，引入普遍性的 HK 模型缩小了初始创新能力支持技术升级的幅度，反而减少了技术升级的机会，阻滞了创新集聚的动态发展。

基于上述分析可知，当逐步引入技术的关联性、多样性和普遍性之后，创新集聚的动态发展受到上述多重特征的影响。

城市创新集聚影响经济发展质量的理论模型

创新集聚对经济发展质量的提升过程，是将已有的一系列技术重新组合并转化为新产品的过程，作用机制体现为技术能力顺利转化为新产品，从而提升经济发展质量。

一、城市创新集聚的多样性与经济发展质量

首先，考虑城市创新活动集聚的最显著特征，也就是技术多样性。基于 Inoua（2016）的模型，假设城市经济发展不受原材料等其他因素的影响，技术是影响生产和经济发展质量的唯一约束条件，那么，城市经济发展质量决定于一系列技术及其相互关系，可以抽象地表示为 $E_n = \{\omega_i\}$，$i = 1, 2, \cdots, n$，其中 $\{\omega_i\}$ 表示城市集聚的技术种类，体现了城市创新集聚的多样性；相应地，一个包含 s 项技术的产品可以表示为 $p_s = \{\omega_j\} \subset E_n$，$j = 1, 2, \cdots, s$。

产品层面上，城市中含有 s 项技术的产品类型可以表示为 $d(s|n) = C_n^s$，那么包含任意数量技术的产品类型的数量则可以表示为：

$$d(n) = \sum_{s=0}^{n} d(s|n) = 2^n \qquad (2\text{-}14)$$

相应地，含有 s 项技术的产品可以表示为 $p(s|n) = sC_n^s$，那么包含任意数量技术的产品总和可以表示为：

$$p(n) = \sum_{s=0}^{n} p(s|n) = n2^{n-1} \qquad (2\text{-}15)$$

相应地，只考虑技术多样化的情况下，技术多样性对城市创新集聚程度的影响如下：

$$R(n) = \frac{E(n)}{r} = \frac{n}{2} \qquad (2\text{-}16)$$

那么，城市经济发展质量就可以表示为城市产品所含技术种类的均值与技术以外的其他效率因素 r 的乘积：

$$E(n) = \frac{p(n)}{d(n)} r = \frac{nr}{2} \qquad (2\text{-}17)$$

根据式（2-16），技术多样性决定了城市创新集聚的多样性。结合式（2-17）可知，城市创新集聚的多样性越高，也即技术类型越多，就能组合生产越多的产品，相应的经济发展质量也越高。

二、城市创新集聚的关联性与经济发展质量

在上述初始模型中，默认任意技术都可以组合成特定产品。但是，部分技术的组合并不能产生实际的经济价值，也并非任意的组合在技术上都是可行的，就如同"美人鱼""牛头马面"等都来自传说或者是虚构的，并非任意的技术组合都是有效和现实存在的（Hausmann 和 Hidalgo，2010）。因此，引入参数 ρ（$\rho \in [0, 1]$），用于反映技术之间的关联性，ρ 越大，技术关联越紧密，组合创新的难度越低；ρ 越小，技术之间的相似性越低，组合创新的难度越高。那么，内含 s 项技术的产品，其被成功产出的概率为 ρ^s。显然，考虑到 ρ^s 随 s 增大而减小，技术组合产出可行产品的

可能性也随 s 增大而越来越小。当然，当 $\rho=1$ 时，就是前面的基准模型。

产品层面上，城市中含有 s 项技术的产品类型的总和可以表示为 $d(s|n) = C_n^s \rho^s$，那么所有产品类型的数量可以表示为：

$$d(n,\ \rho) = \sum_{s=0}^{n} d(s|n) = \sum_{s=0}^{n} C_n^s \rho^s \qquad (2\text{-}18)$$

相应地，含有 s 项技术的产品的技术总和可以表示为 $p(s|n) = sC_n^s \rho^s$，那么所有产品的技术总和可以表示为：

$$p(n,\ \rho) = \sum_{s=0}^{n} p(s|n) = \sum_{s=0}^{n} sC_n^s \rho^s \qquad (2\text{-}19)$$

从而，考虑多样性和关联性的情况下，城市创新集聚程度可以表示为[1]：

$$R(n,\ \rho) = \frac{E(n,\ \rho)}{r} = \frac{\rho}{1+\rho} n \qquad (2\text{-}20)$$

那么，城市经济发展质量就可以表示为城市产品内含技术种类的均值与技术以外的其他效率因素 r 的乘积：

$$E(n,\ \rho) = \frac{p(n,\ \rho)}{d(n,\ \rho)} r = \frac{\rho}{1+\rho} nr \qquad (2\text{-}21)$$

根据式（2-20），考虑到 $\rho \in [0,\ 1]$，城市创新集聚程度与技术关联性是正相关的。结合式（2-21）可知，城市创新集聚的关联性程度越高，即技术之间的关联系数越大，就越有可能生产出更多的产品，从而也更容易提升城市经济发展质量。

---

① 推导过程：$R(n,\ \rho) = \sum_{s=0}^{n} \dfrac{p(n,\ \rho)}{d(n,\ \rho)} = \dfrac{\sum\limits_{s=0}^{n} sC_n^s \rho^s}{(1+\rho)^n} = (1+\rho)^{-n} \sum\limits_{s=1}^{n} s\dfrac{n}{s} C_{n-1}^{s-1} \rho^s = \rho(1+$

$\rho)^{-n} n \sum\limits_{s=1}^{n} C_{n-1}^{s-1} \rho^s = \rho(1+\rho)^{-n} n \sum\limits_{x=0}^{n-1} C_{n-1}^{x} \rho^x = \rho(1+\rho)^{-n} n(1+\rho)^{n-1} = \dfrac{\rho}{1+\rho} n$

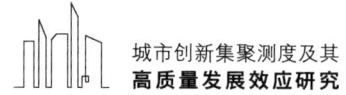
三、城市创新集聚的普遍性与经济发展质量

上述分析中，还忽略了城市发展中技术退出的情况。实际上，城市经济发展或产业升级过程中，并非只有新技术集聚到城市，还包括现有技术不断退出的淘汰环节。其逻辑是，一方面，具有相似功能的新技术本身会替代落后技术，比如移动通信技术领域从 2G 到 3G 再到 4G 的渐进式技术替代性升级，另一方面，部分技术也会因为产品被替代而退出，比如小灵通技术等。技术的重要特征包括新颖性，所以退出城市和市场的技术往往缺乏新颖性，已经被许多创新主体掌握。

因此，引入城市创新集聚的技术普遍性 v，v 越大表示城市的平均技术水平越低，越小则表明所有技术整体的稀缺性越高。从而，在考虑多样性、异质性和普遍性的情况下，城市创新集聚程度可以表示为：

$$R(n, \rho, v) = \sum_{s=0}^{n} \frac{p(n, \rho)v^{-1}}{d(n, \rho)} = \frac{\rho}{1 + \rho} \cdot \frac{n}{v} \quad (2-22)$$

城市经济发展质量就是所有产品的技术数量总和与其类型总和的比值：

$$E(n, \rho, v) = \sum_{s=0}^{n} \frac{p(n, \rho)v^{-1}}{d(n, \rho)} r = \frac{\rho}{1 + \rho} \cdot \frac{n}{v} \cdot r \quad (2-23)$$

根据式（2-22），结合前面的分析可知，城市创新集聚程度与城市的技术多样性和技术关联性正相关，与技术普遍性负相关。结合式（2-23）可知，经济发展质量也与技术多样性和技术关联性正相关，与技术普遍性负相关。

第四节 ▶ 城市创新集聚影响经济发展质量的异质性

根据式（2-23），经济发展质量由技术的关联性、普遍性和多样性三者共同决定。提升创新集聚程度是提高经济发展质量的重要策略，其中包括对发展阶段、城市规模和创新绩效的平衡和选择。

一、不同发展阶段的影响效应

长期以来，如何通过创新以及用何种创新模式来提升经济发展质量引起了诸多学者的关注。技术引进及消化吸收基础上的模仿创新在推进技术进步中具有重要的作用（Keller，2004；林毅夫和张鹏飞，2005；张杰等，2020）。但是，技术引进会受到国外技术保护的深刻影响，导致国内技术发展路径长期依赖国外，无法形成自主可控的技术路线，其突破口在于自主创新，这才是实现自立自强的可行路径。中国人民大学宏观经济分析与预测课题组等（2016）认为，尽管技术引进也能提升国内创新能力，但是到了一定发展阶段，仅依靠技术引进或模仿创新不足以支撑新的发展，唯有自主创新才能赶超世界前沿技术。但是，由于没有考虑创新集聚与经济发展阶段的区域差异，研究结论出现了模仿性创新促进论、模仿性创新抑制论和自主创新有效论等不同甚至相悖的观点（余泳泽和张先轸，2015）。

针对此，下文将从创新集聚在不同阶段的相对有效性，讨论创新集聚如何在不同发展阶段提升经济发展质量。

根据技术多样性和普遍性的差异，将城市发展划分为模仿创新和自主创新两个阶段（如表2-1）。模仿创新阶段主要通过技术引进拓展多样性，引进的技术具有较高的普遍性，假设普遍性为最大值，即 $v = 1$；考虑到相关技术都比较成熟，甚至是技术和产品同步引进，技术应用到产品较容易，技术之间具有很强的关联性，假设 $\rho = 1$。随着技术多样性的增加，城市开始步入自主创新阶段。此时，城市的技术种类已经达到最大的生产能力所能容纳的技术空间容量（n^*），技术将依普遍性高低依次退出城市，新的技术进入城市，普遍性随之降低，即 $v < 1$；新旧技术之间的关联也逐步下降，导致 $\rho < 1$。

表2-1　不同发展阶段的创新集聚效应

发展阶段	城市创新集聚特征	影响经济发展质量的来源
技术引进	$\rho = 1,\ v = 1,\ n < n^*$	n
自主创新	$\rho < 1,\ v < 1,\ n = n^*$	$\rho,\ v$

对创新集聚影响经济发展的两个阶段进行数值模拟（如图2-3）。设定城市技术的最大容纳值为50。技术关联性和普遍性都处于初始阶段时，城市经济发展质量主要受多样性的影响。当多样性跨过最大技术容量之后，技术普遍性降低，技术关联性下降，城市经济发展质量取决于关联性和普遍性。因此，取 $\dfrac{\rho}{1+\rho} \cdot v^{-1}$ 大于、等于和小于初始阶段的数值（1/2），分别表示自主创新阶段的发展水平处于高、中和低三个层次。

当城市的技术种类尚未达到城市的最大技术容量时，技术引进是发展经济的首选决策；当城市的技术种类达到城市的最大技术容量时，随着技术多样性上升和技术关联性逐步下降，通过自主创新提升经济发展质量是最优方案。

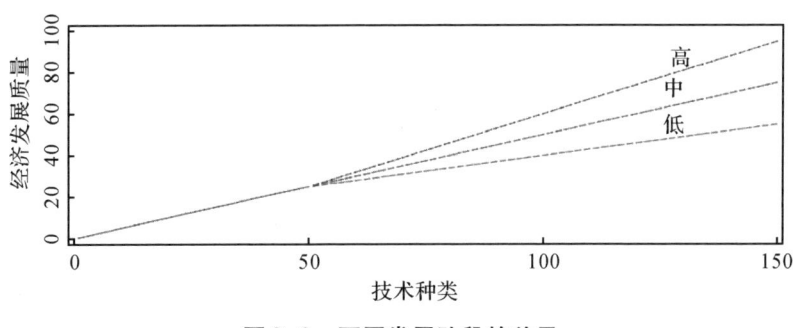

图2-3 不同发展阶段的差异

二、不同城市规模的影响效应

从创新扩散的路径看，一般是从大城市扩散到次级城市，再到中小城市，最后扩散到农村地区（程开明，2010），城市规模与创新集聚程度是同向发展的。从实际看，无论是人才、资本等创新要素，还是企业、科研机构等创新主体和组织，还包括仪器设备供应者、法律事务所和信息检索机构等服务部门，都集中在规模较大的城市。当然，城市规模越大，发展水平越高，办公用房的租金、员工的工资等往往越高，这会增加创新主体的成本，从而影响城市创新集聚程度。现有研究对城市规模与创新水平之间的关系尚未有一致性的结论，主要分促进论和呈现倒 U 形论两种，对多大的城市规模是倒 U 形的顶点，也尚存争议（高翔，2015；王志高等，2016）。

如果把技术多样性纳入考虑，那么规模更大的城市可以吸纳更多人才，对资本的吸引力就更大（Packalen 和 Bhattacharya，2015），城市的技术多样性也就越高。

通过数值模拟可以发现，城市规模会限制城市的最大技术容量，这就要求规模较小的城市必须早于规模较大的城市先行步入自主创新道路。如图2-4所示，对规模较小的城市，当技术种类达到30时必须转向自主创新，而规模较大的城市的技术种类可以增加到50。因此，城市规模会限制城市选择创新模式的窗口期。

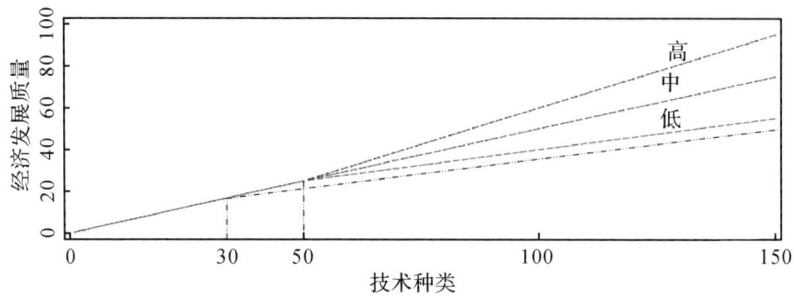

图2-4　不同城市规模的差异

第五节 ▶ 本章小结

　　基于"地理—技术"双重集聚的视角，本章从理论层面讨论了创新集聚的特征及其对经济发展质量的影响。重点讨论了技术层面创新集聚的机制，具体包括：从技术异质性视角界定创新实为不同技术重新组合的过程；阐明技术层面的三个特征对创新集聚动态发展的影响；从技术层面的三个特征的视角分析创新集聚对经济发展质量的影响；从不同发展阶段和不同城市规模两个视角分析创新集聚对经济发展质量的异质性影响。

　　研究表明，创新是一系列相互关联的异质性技术"串"起来形成新技术的"搭积木"过程。缺少某一必要技术，无论其他要素的投入量大或小，创新都难以开展。城市创新集聚是地理和技术的双重集聚，具有技术多样性、技术关联性、技术普遍性三个主要特征。城市创新集聚的动态发展及其对经济发展质量的影响效果都由技术多样性、技术关联性、技术普遍性共同决定；对于不同发展阶段和不同规模的城市，创新集聚对经济发展质量的影响是不同的。

Chapter 03

第三章
城市创新的地理集聚特征事实

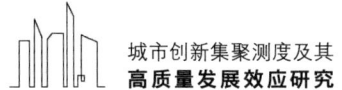
城市创新只有在地理层面规模性地集聚成"群"，才能进一步在技术层面有序地成"链"成"网"。换言之，"地理—技术"双重集聚是以地理集聚为前提的，因此有必要首先从地理空间层面系统识别城市创新集聚的特征。为此，本章采用 Pareto 指数、Dagum 基尼系数及其分解、核密度估计等，从全国层面、东中西三大区域、细分技术领域深入分析城市创新集聚的地理空间格局。

第一节 ▶ 研究方法和数据处理

一、研究方法

借鉴相关研究（杨明海等，2017；张虎和韩爱华，2018）的做法，采用 Pareto 指数分析城市创新的地理空间结构特征，采用核密度估计法分析城市创新的地理空间演变趋势，最后采用 Dagum 基尼系数及其分解法分析城市创新的地理空间差异及其来源。

（一）Pareto指数分布与Zipf法则

关于城市创新是否服从Zipf法则，学术界展开了多次讨论。Zipf法则是分析地理集聚等非均衡特征的有效方法（李松林和刘修岩，2017）。如果城市创新服从Pareto指数等于1，那么表明城市创新呈均衡分布，这一规律被称为Zipf法则（Zipf，1949），也就是"位序-规模法则"。本章采用Pareto指数刻画城市创新的地理空间结构，即：

$$\Pr(S > s) = AS^{-\alpha} \tag{3-1}$$

式（3-1）中，S为城市创新，A为常数，α为城市创新地理空间结构的Pareto指数，对式（3-1）取对数得到：

$$\ln(\Pr(S > s)) = \ln A - \alpha \ln S \tag{3-2}$$

式（3-2）中，$\Pr(S > s)$采用城市创新程度依降序排列之后的城市位次R与城市数N的比值，得到城市创新地理空间结构的Pareto指数的计量模型为：

$$\ln\left(\frac{R_i}{N}\right) = \beta - \alpha \ln S_i + \varepsilon_i \tag{3-3}$$

式（3-3）中，$\beta = \ln A$为常数项，ε_i为随机误差项。α为Pareto指数，表明城市创新地理空间结构的非均衡程度：α越小则意味着非均衡程度越高，越是偏离Zipf分布，说明创新通常集中在少数的高首位度城市；α越接近于1，即与Zipf分布越接近，说明地理空间结构越均衡。

（二）核密度估计法

核密度估计用连续的密度曲线刻画随机变量的分布形态，从而反映随机变量分布的位置、延展性等关键信息，是分析经济变量地理空间非均衡性的非参数检验方法。

本章采用专利数据衡量城市创新，考虑到该变量往往无法匹配固定参数的函数分布形式，故将城市创新的对数值视为随机变量 x，采用核密度法进行估计，其密度函数记为 $f_n(x)$。公式如下：

$$f_n(x) = \frac{1}{nh} \sum_{i=1}^{n} K\left(\frac{x - x_i}{h_n}\right) \tag{3-4}$$

式（3-4）中，n 是观测值的个数，x_i 为独立同分布的观测值，x 为均值，h_n 为带宽。核密度估计涉及两个核心变量的设置：一是带宽大小的设置，要权衡曲线平滑性和估计精度。实际估计中的做法通常是，首先保障曲线的相对平滑，其次尽可能选择小的带宽；二是核函数 $K(\cdot)$ 的选择，有包括诸如高斯核函数、三角核函数、四角核函数等的多种选择，本章将采用常用的高斯核函数。

（三）Dagum 基尼系数及其分解

Dagum 基尼系数考虑到了样本间的交叉重叠问题以及子样本的分布状况，可以测度地区创新差异即非均衡的主要来源，能分别测算组内和组间的差异来源和贡献率。因此，本章用 Dagum 基尼系数及其分解法分析城市创新的地理空间的差异来源。

首先给出 Dagum 基尼系数的计算过程（刘华军和杜广杰，2017）：

$$G = \sum_{j=1}^{k} \sum_{h=1}^{k} \sum_{i=1}^{n_j} \sum_{r=1}^{n_h} |y_{ji} - y_{hr}|/2n^2 \bar{y} \tag{3-5}$$

式（3-5）中，G 表示 Dagum 整体基尼系数，$\bar{y}$ 是城市创新水平的均值，n 是城市的数量，k 是城市的分组数，$y_{ji}(y_{hr})$ 是 $j(h)$ 组城市的创新水平，$n_j(n_h)$ 为 $j(h)$ 组城市的数量。

根据基尼系数法，将基尼系数分解为组内、组间和超变密度三个部分，三者之间满足：$G = G_w + G_{rb} + G_t$。计算公式如下：

$$\begin{cases} G_{jj} = \sum_{i=1}^{n_j} \sum_{r=1}^{n_j} | y_{ji} - y_{jr} | / 2n_j^2 \bar{y}_j \\ G_w = \sum_{j=1}^{k} G_{jj} p_j s_j \end{cases} \quad (3\text{-}6)$$

$$\begin{cases} G_{jh} = \sum_{i=1}^{n_j} \sum_{r=1}^{n_h} | y_{ji} - y_{hr} | / n_j n_h (\bar{y}_j + \bar{y}_h) \\ G_{nb} = \sum_{j=2}^{k} \sum_{h=1}^{j-1} G_{jh} D_{jh} (p_j s_h + p_h s_j) \end{cases} \quad (3\text{-}7)$$

$$G_t = \sum_{j=2}^{k} \sum_{h=1}^{j-1} G_{jh} (1 - D_{jh}) (p_j s_h + p_h s_j) \quad (3\text{-}8)$$

式中，G_{jj} 表示 j 分组的基尼系数，G_w 表示 j 分组内的差异贡献度；G_{jh} 表示 j 分组和 h 分组间差异的基尼系数，G_{nb} 表示 j 分组和 b 分组间超变净值差距的贡献度；G_t 表示 j 分组和 h 分组组间超变密度的贡献度。$p_j = n_j / n$，$s_j = n_j \bar{y}_j / n \bar{y}$，$j=1, 2, \cdots, k$。$D_{jh}$ 为 j 分组和 h 分组组间城市创新的相对影响程度，其定义如下：

$$D_{jh} = (d_{jh} - p_{jh}) / (d_{jh} + p_{jh}) \quad (3\text{-}9)$$

对于连续的密度分布函数 $f_{ji}(y)$ 和 $f_{hr}(y)$，d_{jh} 与 p_{jh} 的计算公式如式（3-10）：

$$\begin{cases} d_{jh} = \int_0^\infty \int_0^y (y - x) f_i(x) \mathrm{d}x f_j(y) \mathrm{d}y \\ p_{jh} = \int_0^\infty \int_0^y (y - x) f_j(x) \mathrm{d}x f_j(y) \mathrm{d}y \end{cases} \quad (3\text{-}10)$$

式（3-10）中，d_{jh} 为 j 分组和 h 分组之间城市创新水平的差值，表示 j 分组和 h 分组中所有 $y_{jh} - y_{hr} > 0$ 的城市创新水平的加权平均；p_{jh} 为超变一阶矩，表示 j 分组和 h 分组中所有 $y_{hr} - y_{ji} > 0$ 的城市创新水平的加权平均值。

二、数据处理

考虑到各城市的资源禀赋、经济社会综合能力差异较大，本章沿用程开明和章雅婷（2018）等相关研究的划分方法，把研究样本划分为东部、中部、西部三大区域。其中，东部区域包括11个省（直辖市），具体范围为北京、天津、河北、辽宁、上海、江苏、浙江、福建、山东、广东、海南等；中部地区包括8个省，具体为山西、吉林、黑龙江、安徽、江西、河南、湖北、湖南等；西部地区包括12个省（自治区、直辖市），具体为四川、贵州、云南、陕西、甘肃、宁夏、新疆、广西、重庆、内蒙古、青海、西藏等。

考虑到数据的可得性以及采用专利数据测度城市创新的合理性，本章选取2001—2018年的中国发明专利申请量测度城市创新水平（不含港、澳、台）①。为了揭示不同技术领域在城市创新分布格局中的差异，本章将采用由Grupp和Schmoch（1992）提出并由Schmoch（2008）修订完善的分类方法。该分类方法基于IPC分类方式将专利汇总到35个领域，在此基础上，根据专利技术之间关系的强弱，进一步将其汇总为电气工程、仪器、化工、机械工程、其他等5大类②。各大类的基本性质如表3-1所示。

---

① 关于专利数据的选取及处理等方面的讨论详见第四章第二节。
② 35类技术划分为以下5大类技术：Ⅰ电气工程，为电机、电气装置、电能，音像技术，电信，数字通信，基础通信程序，计算机技术，计算机技术管理方法，半导体；Ⅱ仪器，为光学，测量，生物材料分析，控制，医学技术；Ⅲ化工，为有机精细化学，生物技术，药品，高分子化学、聚合物，食品化学，基础材料化学，材料、冶金，表面加工技术、涂层，显微结构和纳米技术，化学工程，环境技术；Ⅳ机械工程，为装卸，机器工具，发动机、泵、涡轮机，纺织和造纸机器，其他特殊机械，热工过程和器具，机器零件，运输；Ⅴ其他，为家具、游戏，其他消费品，土木工程。

表3-1　各大类的基本性质

分类	均值	最大值	最小值	标准差	偏度	峰度
电气工程	6496	332505	13	29631	8.98	92.13
仪器	3409	129000	5	11140	7.12	67.64
化工	8312	188878	107	18461	5.30	41.39
机械工程	6193	115167	59	13450	4.28	26.40
其他	2336	39643	4	5096	3.88	20.88
合计	26746	776648	264	72398	6.21	52.52

基于Pareto指数的城市创新
地理空间结构分析

一、全国层面的地理空间结构

依据城市创新的倒序排列城市位次，根据式（3-3）选取2001、2007、2013和2018四个年度分别绘制城市创新及其位次的散点图（见图3-1）。四个年度的Pareto指数都小于1，指数大小分别为0.686、0.561、0.567和0.554，均偏离了Zipf法则，说明城市创新的地理空间分布呈现偏向大城市的集聚态势。

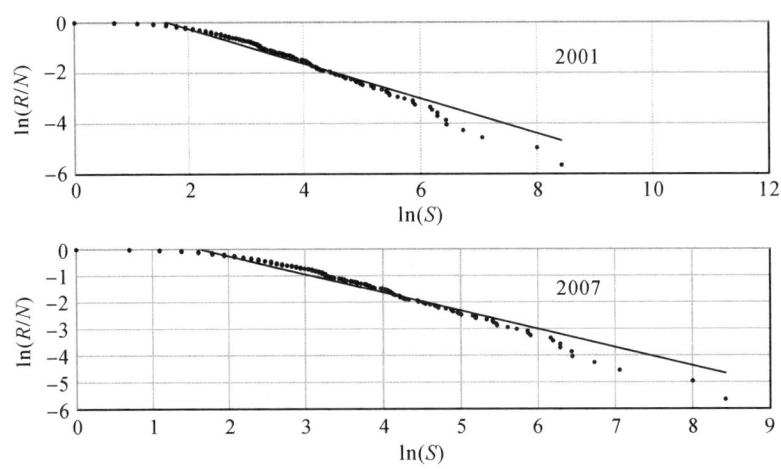

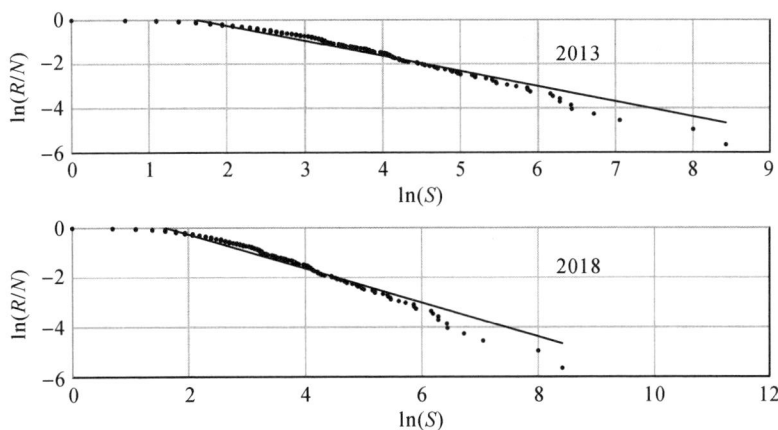

图3-1 典型年份城市创新及其位次的散点图

为了进一步考察是否所有年度都呈现出偏向大城市的集聚态势，地理空间结构的演变有何规律，根据式（3-3）分别计算了考察期内所有年份（2001—2018）的Pareto指数（如图3-2）。

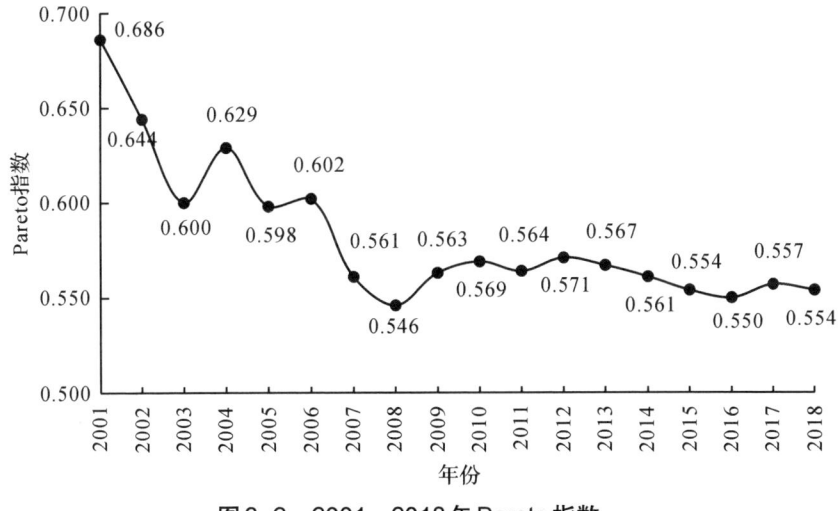

图3-2 2001—2018年Pareto指数

从图3-2可以看出，中国城市创新的Pareto指数从2001年的0.686变为2018年的0.554。根据时段划分，大体经历了2001—2008年间震荡下降和

2009—2018年的小幅波动两个阶段。在第一阶段，城市创新的Pareto指数从2001年的0.686降至2008年的0.546，降幅达到20.41%；在第二阶段，城市创新的Pareto指数回升至2009年的0.563后，围绕着0.56呈区间波动。

基于上述分析可知，考察期内城市创新的Pareto指数呈下降趋势。这说明，我国加入WTO后，城市创新越来越向大城市集聚，这样的集聚规律在我国加入WTO到2008年国际金融危机爆发这段时期内较明显；自2009年以来，城市创新的空间集聚态势并没有明显改变，城市创新的地理空间结构是比较稳定的。

二、东中西三区的地理空间结构

为考察城市创新的地理空间结构是否存在区际差异，进一步测算了2001—2018年各年度东部、中部、西部三大区域的Pareto指数，如图3-3和表3-2所示。

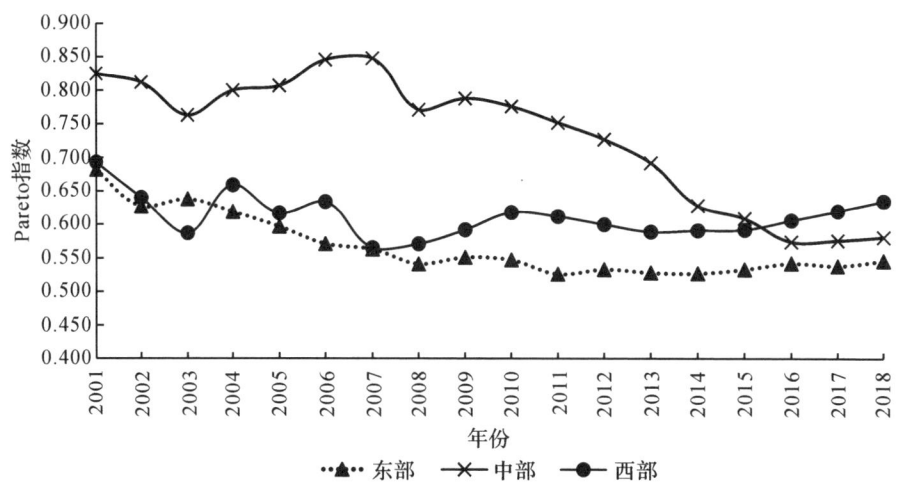

图3-3　2001—2018年分区域的Pareto指数

首先，考察期内，三大区域的城市创新Pareto指数都有所下降，东部地区从2001年的0.682下降至2018年的0.546，中部地区从2001年的0.825下降至2018年的0.581，西部地区从2001年的0.693下降至2018年的0.635。

表3-2 2001—2018年分区域的Pareto指数

年份	全国	东部	中部	西部
2001	0.686	0.682	0.825	0.693
2002	0.644	0.627	0.812	0.640
2003	0.600	0.638	0.763	0.587
2004	0.629	0.619	0.800	0.659
2005	0.598	0.597	0.807	0.617
2006	0.602	0.571	0.846	0.634
2007	0.561	0.563	0.848	0.565
2008	0.546	0.541	0.771	0.571
2009	0.563	0.551	0.788	0.592
2010	0.569	0.547	0.776	0.618
2011	0.564	0.526	0.752	0.612
2012	0.571	0.533	0.727	0.600
2013	0.567	0.528	0.692	0.589
2014	0.561	0.527	0.628	0.591
2015	0.554	0.533	0.609	0.592
2016	0.550	0.542	0.574	0.606
2017	0.557	0.538	0.576	0.620
2018	0.554	0.546	0.581	0.635

其次，三大区域的城市创新Pareto指数下降幅度不尽相同。东部地区

下降了19.94%，中部地区下降幅度最大，为29.58%，西部地区下降了
8.37%。2001年，城市创新的Pareto指数从大到小依次排序为中部、西部、
东部；在后续年份中，三大区域的Pareto指数不断调整，至2018年相应的
排序变为西部、中部、东部。

上述分析表明，从东、中、西的分组看，三大区域都存在不同程度的
创新偏向大城市集聚的现象。从排序上看，这种创新偏向大城市地理集聚
的特征在东部地区最明显，中部地区次之，西部地区最不明显。

三、细分技术领域的地理空间结构

为深入考察创新偏向大城市集聚的态势在不同技术领域的特征，本章
进一步测算了2001—2018年各年度五个技术领域的Pareto指数，如图3-4、
表3-3所示。

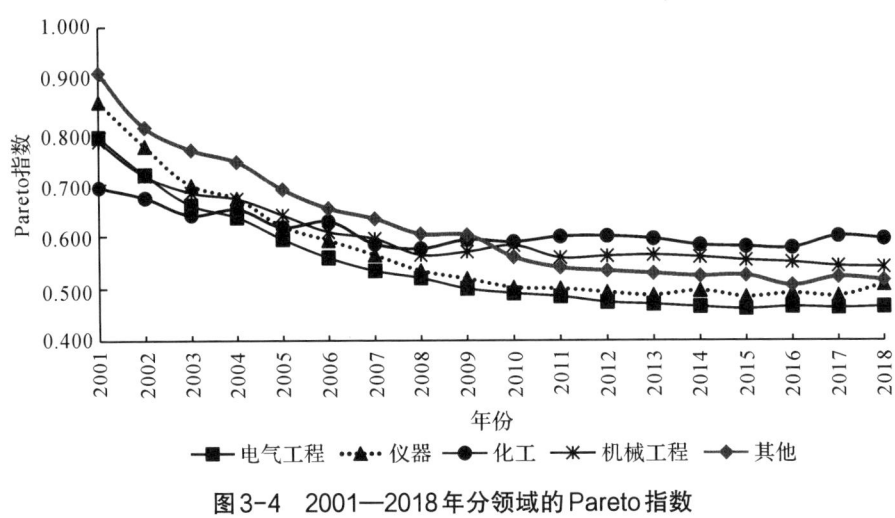

图3-4 2001—2018年分领域的Pareto指数

首先，在考察期内，各技术领域的Pareto指数总体上呈下降趋势，电
气工程领域从2001年的0.790下降至2018年的0.465，仪器领域从2001年

的0.857下降至2018年的0.508，化工领域从2001年的0.693下降至2018年的0.595，机械工程领域从2001年的0.782下降至2018年的0.541，其他领域从2001年的0.912下降至2018年的0.516。

其次，细分技术领域Pareto指数的下降幅度不尽相同。电气工程领域下降了41.14%，仪器领域下降了40.72%，化工领域下降了14.14%，机械工程领域下降了30.82%，而其他领域下降幅度最大，高达43.42%。这背后的原因，可能是部分大城市特定领域的创新快速发展，尤其是电气工程、仪器等新兴技术领域，这些技术领域的创新主要集中在深圳、北京等创新前沿地区，从而导致创新地理空间结构的非均衡程度日益提高，表现为Pareto指数下降。

最后，细分技术领域的Pareto指数的排序有所变化。2001年，Pareto指数从大到小依次排序为其他>仪器>电气工程>机械工程>化工。在后续年份中，化工领域的Pareto指数从最小变为最大，其他领域的Pareto指数从最大变为中间值。至2018年，相应的排序变为化工>机械工程>其他>仪器>电气工程。

表3-3　2001—2018年细分技术领域的Pareto指数

年份	电气工程	仪器	化工	机械工程	其他
2001	0.790	0.857	0.693	0.782	0.912
2002	0.718	0.772	0.673	0.716	0.808
2003	0.659	0.697	0.640	0.683	0.765
2004	0.636	0.672	0.651	0.671	0.742
2005	0.594	0.618	0.617	0.640	0.689
2006	0.559	0.592	0.628	0.608	0.653
2007	0.534	0.564	0.585	0.595	0.633
2008	0.520	0.534	0.576	0.564	0.604

续　表

年份	电气工程	仪器	化工	机械工程	其他
2009	0.500	0.519	0.593	0.570	0.602
2010	0.491	0.502	0.589	0.582	0.560
2011	0.485	0.500	0.599	0.559	0.540
2012	0.474	0.493	0.600	0.562	0.534
2013	0.470	0.487	0.595	0.564	0.529
2014	0.465	0.496	0.583	0.560	0.524
2015	0.461	0.484	0.580	0.554	0.525
2016	0.465	0.491	0.578	0.550	0.506
2017	0.463	0.486	0.600	0.543	0.522
2018	0.465	0.508	0.595	0.541	0.516

上述分析表明，城市创新偏向大城市的集聚态势不仅体现在所有技术领域的总量上，其在细分技术领域的差异及动态变化也是非常明显的。化工领域的 Pareto 指数从 2001 年的最小值演变为 2018 年的最大值，说明化工技术已经成为诸多城市普遍掌握的技术；相比较而言，电气工程和仪器两个技术领域的 Pareto 指数至 2018 年已经排到倒数第一、第二，在五大领域中最偏向大城市集聚，这与近年来信息技术蓬勃发展的现实是一致的。如果结合创新从中心城市向外围城市扩散的原理，可以看出电气工程是较为前沿的技术领域，而化工领域是较为传统的技术领域。

<table>
<tr><td>第三节</td><td>基于核密度估计的城市创新地理空间演变趋势</td></tr>
</table>

为进一步考察城市创新的地理空间格局，利用核密度估计法分区域、分技术领域考察城市创新的地理空间演变。

一、全国层面的地理空间演变

图3-5呈现了2001—2018年全国基于核密度估计的城市创新地理空间动态演变趋势。

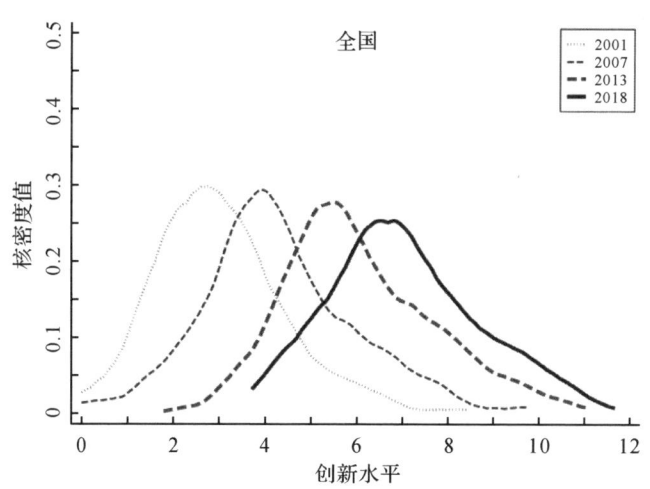

图3-5　典型年份全国的核密度估计

由图3-5可以看出：（1）从分布位置看，核密度分布曲线的中心位置逐年右移，说明城市创新在全国层面呈明显的发展态势。（2）从分布形态看，曲线主峰高度呈逐步下降趋势，宽度在中间年份缩小后又呈逐步扩大趋势，这表明处于主峰的城市数量增加，但是城市之间创新的差异趋于拉大。（3）从分布延展性看，分布曲线存在右拖尾特征，但是拖尾程度逐年减弱，这说明位于主峰附近的城市创新具有更快的增速，与创新前沿城市之间的差距趋于缩小。（4）从极化现象看，分布曲线未出现明显的"多峰"状态，这意味着城市创新水平没有明显的多极分化现象。

二、东中西三区的地理空间演变

图3-6呈现了2001—2018年东、中、西三大区域城市创新地理空间演变趋势。

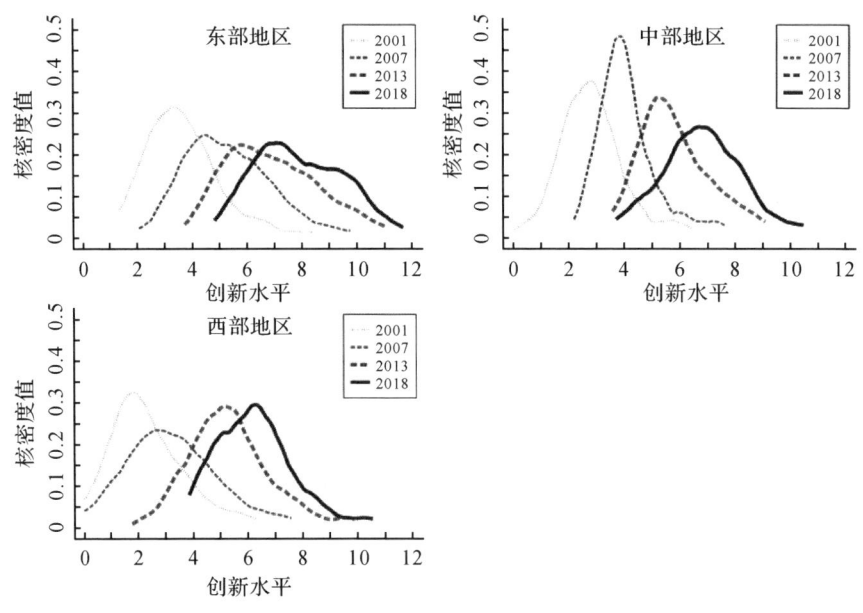

图3-6　典型年份分区域的核密度估计

从图3-6中可以看出：（1）从分布位置看，三大区域的曲线中心位置均明显右移，说明三大区域的城市创新都呈发展趋势。（2）从分布形态看，三大区域表现稍有不同。东部区域主要表现为主峰高度"上升—明显下降—略微上升"、宽度不断变宽的演变趋势，总体表现为主峰高度上升、宽度变宽；中部区域总体表现为主峰高度"快速上升—明显下降—略微下降"、曲线宽度先变窄再变宽的演变趋势；西部区域则主要表现为主峰高度"明显下降—明显上升—小幅上升"、宽度"变宽—变窄—变宽"的演变趋势，总体表现为主峰高度下降、宽度变大。这说明东部、中部区域的创新集聚程度有所降低，而西部区域的创新集聚程度没有明显变化。（3）从分布延展性看，三大区域均存在一定的拖尾特征，但各区域延展性变化略有差异。东部、中部区域都经历了温和收敛的变化过程，总体呈收敛趋势；西部区域尽管也有所收敛，但是尚存在明显的右拖尾现象。这说明东部、中部区域内部的城市之间的差距逐渐缩小，而西部区域的城市创新集聚非常明显，为数不多的大城市创新水平远高于大部分城市。（4）从极化现象看，三大区域都呈单峰状态，不具有明显两极或多极分化趋势。

三、细分技术领域的地理空间演变

图3-7呈现了2001—2018年五大技术领域城市创新的地理空间演变趋势。

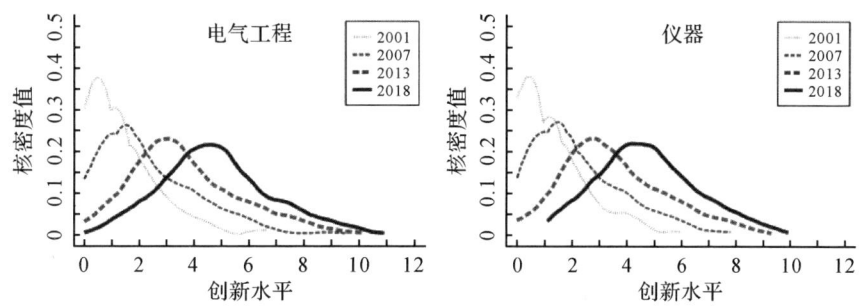

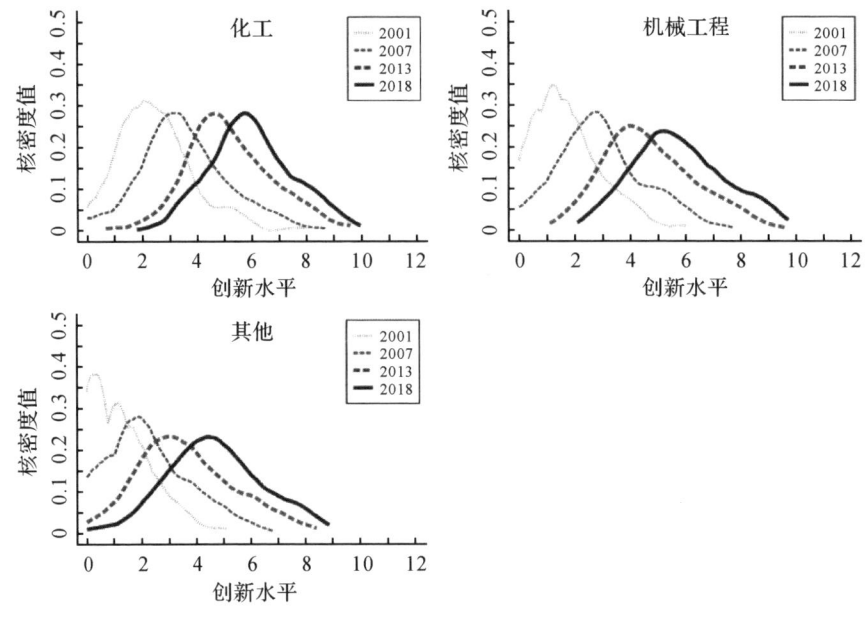

图3-7 典型年份分领域的核密度估计

首先，从分布位置看，五大技术领域分布曲线中心位置均明显右移，说明五大技术领域的创新水平都明显上升。2018年，化工和机械工程领域的创新水平相对较高，而其余三个技术领域的中心值都处于5以内。

其次，从分布形态看，五大技术领域表现稍有不同。电气工程、仪器和其他等三个技术领域表现为主峰高度梯度下降、宽度不断变宽的演变趋势，尤其是主峰下降的趋势非常明显；化工和机械工程两大领域的主峰高度尽管也有所下降，但是与其他三大领域相比，其下降幅度较不明显。分布曲线的宽度，五大技术领域都呈现变宽的趋势，这说明城市创新地理空间的非均衡程度在五大技术领域都有所下降，城市创新水平在全国范围内呈扩散趋势。

再次，从分布延展性看，五大技术领域均存在一定的拖尾特征，但各技术领域的延展性变化略有差异。延展性大体呈现电气工程、仪器、机械工程、其他和化工领域依次减弱的分布格局。这说明电气工程领域高创新水平的城市与其他城市的差距更大。事实上，数字通信等关键技术创新主要分布在深圳、北京等城市，而化工技术作为传统优势产业，技术创新在更多城市分布，技术领域延展性特征与事实相符。

最后，从极化现象看，尽管电气工程、仪器和其他三个技术领域在2001年和2007年呈现明显的多峰状态，但是在后续都趋向单峰状态，五大技术领域的发展趋势尚未出现明显的多极分化趋势。其原因可能是，初期的多峰结构出现在创新水平尚低的阶段，极不稳定。

第四节 基于Dagum基尼系数的城市
创新地理空间差异分解

一、总体差异及其来源分解

为了揭示城市创新的地理空间差异及其来源，本研究通过 Dagum 基尼系数及其分解法对各年度的差异进行了测算并分解，具体结果如表 3-4 所示。

首先，从总体差异的演变趋势看，由图 3-8 结合表 3-4 不难发现，各年度城市创新的总体差异大体呈倒 U 形的变化趋势。从其演变趋势看，总体基尼系数在 2001—2005 年间呈缓慢上升趋势，其值由 0.798 上升至 0.842，增幅约为 5.51%，年均上升率达 1.38%，并于 2005 年达到观测期内最大值。随后，总体基尼系数并未延续前期的上升趋势，而是呈温和的递减态势，由 2005 年最大值降至 2018 年的 0.771，降幅约为 8.43%，年均下降率约为 0.65%。这说明，城市创新的地理空间非均衡程度或者地理集聚程度自 2006 年由上升态势逐步转向缓慢下降趋势。

表 3-4　2001—2018 年 Dagum 基尼系数及其分解

年份	G	差异来源			贡献率/%		
		区域内	区域间	超变密度	区域内	区域间	超变密度
2001	0.798	0.267	0.371	0.160	33.46	46.52	20.03
2002	0.812	0.271	0.377	0.163	33.43	46.45	20.12
2003	0.827	0.275	0.375	0.178	33.28	45.27	21.46
2004	0.836	0.278	0.406	0.152	33.21	48.56	18.23
2005	0.842	0.279	0.429	0.135	33.09	50.90	16.01
2006	0.838	0.276	0.441	0.121	32.96	52.59	14.45
2007	0.838	0.275	0.448	0.115	32.82	53.42	13.76
2008	0.835	0.272	0.440	0.122	32.62	52.78	14.60
2009	0.829	0.270	0.418	0.141	32.54	50.39	17.06
2010	0.825	0.267	0.414	0.143	32.41	50.20	17.39
2011	0.818	0.265	0.401	0.153	32.35	48.96	18.69
2012	0.810	0.262	0.389	0.158	32.39	48.05	19.55
2013	0.803	0.262	0.367	0.175	32.63	45.63	21.74
2014	0.793	0.260	0.329	0.204	32.76	41.50	25.74
2015	0.788	0.257	0.314	0.217	32.65	39.81	27.54
2016	0.777	0.254	0.317	0.206	32.68	40.78	26.54
2017	0.770	0.250	0.303	0.217	32.45	39.40	28.15
2018	0.771	0.250	0.337	0.184	32.38	43.77	23.85
均值	0.812	0.266	0.382	0.164	32.78	46.94	20.27

进一步地，从差异的来源及其贡献率看（见图 3-8），2001—2018 年区域内差异对总体差异的贡献率非常稳定。从 2001 年的 33.46% 略降到 2018 年的 32.38%；区域间差异和超变密度则基本以相反的方向和幅度波动。具

体而言，区域间差异对总体差异形成的贡献率基本上呈现倒 U 形的变动趋势，2007 年达到最大值 53.42%；相应地，超变密度贡献率则呈现 U 形的变动趋势，2007 年达到最小值 13.76%。尽管不同年份的各来源的贡献率大小不一，但是从排序上都保持了"区域间>区域内>超变密度"的排列。

总之，城市创新的地理空间差异首先来自区域间的差异，其次是来自区域内的差异，最后是来自不同区域的交叉重叠问题，即超变密度。

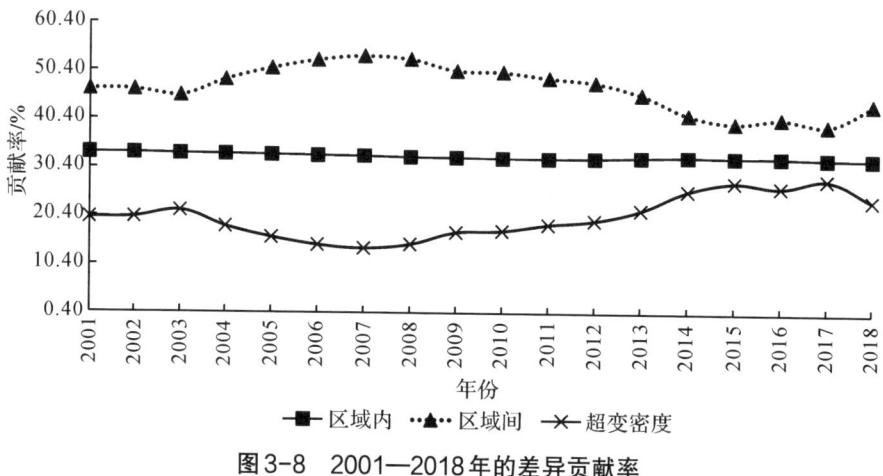

图3-8　2001—2018年的差异贡献率

二、区域内差异和区域间差异

为了进一步比较东部、中部和西部各区域内部差异和区域间差异的相对大小，本研究进一步测算了三个区域的相关指标（见表3-5）。

表3-5 东、中、西三大区域的差异

年份	区域内差异			区域间差异		
	东	中	西	东—中	东—西	中—西
2001	0.797	0.668	0.748	0.811	0.853	0.718
2002	0.805	0.692	0.766	0.825	0.863	0.737
2003	0.803	0.746	0.805	0.839	0.877	0.788
2004	0.811	0.736	0.791	0.854	0.886	0.775
2005	0.815	0.704	0.806	0.863	0.892	0.767
2006	0.809	0.686	0.787	0.863	0.892	0.748
2007	0.804	0.679	0.802	0.862	0.895	0.755
2008	0.791	0.697	0.814	0.858	0.895	0.770
2009	0.784	0.690	0.826	0.851	0.888	0.777
2010	0.777	0.681	0.827	0.847	0.886	0.776
2011	0.770	0.676	0.826	0.840	0.881	0.774
2012	0.764	0.685	0.801	0.836	0.866	0.757
2013	0.766	0.687	0.798	0.825	0.857	0.754
2014	0.755	0.713	0.789	0.810	0.840	0.760
2015	0.742	0.723	0.803	0.803	0.835	0.772
2016	0.730	0.728	0.776	0.793	0.825	0.757
2017	0.717	0.716	0.782	0.784	0.823	0.757
2018	0.715	0.715	0.769	0.782	0.837	0.755

　　一方面，关于区域内差异（见表3-5、图3-9），东、中、西三大区域的内部差异处于不同的水平，走势差别较大。从均值上看，东、中、西三大区域的差异分别为0.775、0.701、0.795，即中部<东部<西部；中部区域的差异明显低于东部和西部区域，中部与东部、中部与西部差异的比值分

别达到0.90和0.88。这表明，东部地区和西部地区分别在各自的创新水平
上处于相对均衡的状态。

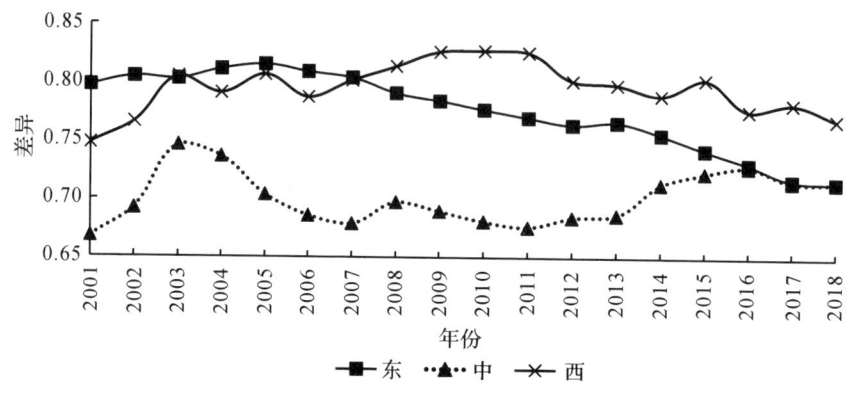

图3-9　东、中、西三大区域的内部差异

在区域内差异的发展趋势上，2001—2018年东部区域的内部差异总体
处于下降趋势。从2001年的0.797下降到2018年的0.715，下降幅度为
10.29%。其中，2005年达到最高值0.815后持续下降。中部地区的内部差
异总体处于上升阶段，从2001年的0.668上升到2018年的0.715，上升幅度
达7.04%。其中，2003年达到最高值0.746，后经过多次波动，总体呈上升
趋势。西部地区的内部差异总体上也呈上升趋势，从2001年的0.748上升
到2018年的0.769，上升幅度为2.81%。其间，西部地区的内部差异经历了
多次波动，后续回落。从区域内差异的发展趋势排序看，由2001年的东部、
西部、中部，调整为2018年的西部、中部、东部。需要指出的是，2016年
之后的东部和中部差距不明显。

另一方面，区域间差异的变动趋势存在较大差异（见表3-5、图3-
10）。首先，"东—中"区域间基尼系数表现为倒U形的演变过程，从2001
年的0.811持续上升到2005年和2006年的0.863，之后持续下降，2018年
下降到0.782，降幅为3.58%。其次，"东—西"区域间差异的变动情况与

"东—中"极为相似，从2001年的0.853上升到2007年和2008年的0.895，之后持续下降，到2017年达最小值（0.823）。与"东—中"不同的是，其2018年反弹至0.837，考察期的降幅为1.78%。最后，"中—西"区域间差异经历了多次波动，从2001年的最低点0.718上升到2003年的0.788，后续经过小幅波动，直至2018年降到0.755，考察期内总体呈上升趋势，幅度为5.07%。

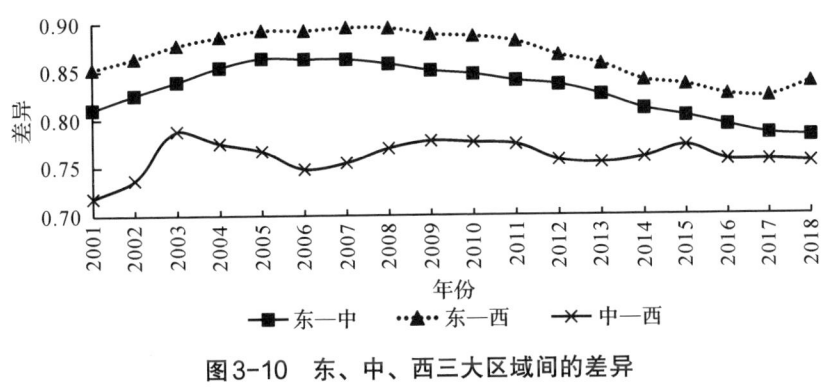

图3-10　东、中、西三大区域间的差异

从区域间差异大小的排序变动看，三组区域间差异层次分明，在考察期内均表现为"东—西"＞"东—中"＞"中—西"。可能的原因是，东部尤其是沿海城市的创新资源、创新平台以及创新效率明显优于中部和西部区域，致使东部区域相对于中部和西部区域具有明显的优势。

三、细分技术领域的差异来源

具体到细分技术领域，五大技术领域的总体差异仍存在很强的异质性（如图3-11）。

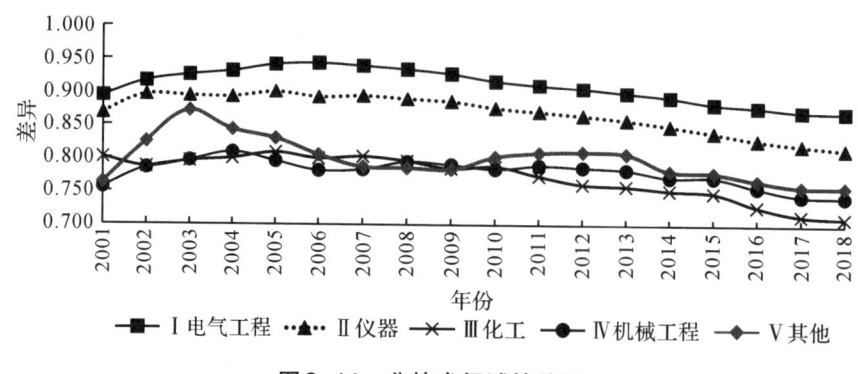

图3-11 分技术领域的差异

从均值看，总体差异最大的是电气工程领域，均值达到0.910，最小的是化工领域，均值为0.773。从演化趋势看，五大技术领域呈不同程度的下降。具体而言，电气工程领域从2001年的0.894下降到2018年的0.871，下降2.57%；仪器领域从2001年的0.868下降到2018年的0.815，下降6.11%；化工领域从2001年的0.801下降到2018年的0.711，下降11.24%；机械工程领域从2001年的0.756下降到2018年的0.743，下降1.72%；其他领域变化幅度最小，从2001年的0.763下降到2018年的0.758，降幅0.66%。

从分领域的差异贡献率（见表3-6）看，区域内差异比较稳定，差异最大的是电气工程，为33.61%，最小的是机械工程，为32.15%，五大技术领域的区域内差异贡献率都落入32%—34%的区间之内。变化较大的是区域间差异的贡献率和超变密度差异的贡献率，而且两者基本呈反向变动趋势。区域间差异的贡献率最大的是电气工程，达到53.71%，最小的是化工，其贡献率为42.27%。这说明，三大区域内部的差异小于区域之间的差异，进一步说明城市创新主要集聚在东部地区，电气工程等前沿技术在东部地区集聚程度更高。

表3-6　分领域的差异贡献率

单位：%

领域	贡献率		
	区域内	区域间	超变密度
电气工程	33.61	53.71	12.68
仪器	33.15	44.71	22.14
化工	32.80	42.27	24.93
机械工程	32.15	46.94	20.91
其他	32.35	43.48	24.17
全部	32.78	46.94	20.27

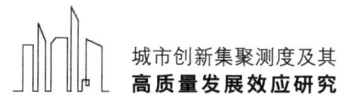

第五节　本章小结

本章聚焦地理空间，从全国整体、东中西三大区域、细分技术领域等多个层次测度了城市创新的地理空间格局。分析表明，中国城市创新在地理层面呈现出地理集聚的特征，城市创新的地理空间格局是比较稳定的；细分技术领域的创新集聚程度不尽相同，电气工程领域创新的地理集聚态势由考察期期初的最小演变为期末的最大，而化工领域正好相反。

从城市创新的地理空间结构看，城市创新偏向在大城市集聚，这样的集聚规律在我国加入WTO到2008年国际金融危机爆发的这段时期内尤其明显。城市创新的地理空间结构也是比较稳定的。三大区域都存在创新不同程度偏向在大城市集聚的现象，东部地区最明显，中部地区次之，西部地区最不明显。细分技术领域中，电气工程领域的创新集聚程度最高，化工领域的创新集聚程度最低。

从城市创新的地理空间演变看，全国整体的城市创新具有明显且稳定的集聚特征。分区域看，西部区域的创新集聚比中、东部地区明显，创新集聚在为数不多的大城市。分技术领域看，电气工程领域的创新集聚程度最高，随后依次为仪器、机械工程、其他和化工等技术领域。

从城市创新的地理空间差异看，差异主要来源于区域间，区域内的差异相对较小，并且这一差异格局比较稳定。从区域内的差异看，西部地区内部的差异远比东部和中部地区大，东部和中部地区内部的差异相对较小。区域间的差异主要是由东部地区与其他两个地区间的差异决定的，中部地区与西部地区之间的差异很小。从细分技术领域看，不同技术领域的差异不尽相同，突出表现为电气工程等领域的区域间差异远大于其他技术领域。

Chapter 04

第四章
城市创新集聚的统计测度

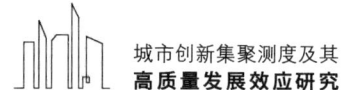
根据城市创新在地理空间层面呈现集聚态势的特征事实，本章进一步从"地理—技术"双重集聚的视角开展测度，为后续实证章节打好指标测度的基础。具体内容包括阐明城市创新集聚测度指标的构建方法、数据获取和处理的详细过程，最后对城市创新集聚进行实际测度并对集聚特征开展分析。

第一节　城市创新集聚统计测度的总体思路与关键环节

一、城市创新集聚统计测度的总体思路

城市创新集聚指标的总体构建思路为：第一步，开展数据的采集和整理，搭建"专利微观数据库"；第二步，以年度、技术和城市三个分类标准对个体专利数据进行汇总，编制"城市—技术分类矩阵"；第三步，开展技术比较优势指标测算并据此编制"城市—技术二模矩阵"；第四步，通过计算共址邻近性编制"技术关联矩阵"；最后，测算城市创新集聚的

指标。总体思路如图4-1所示。

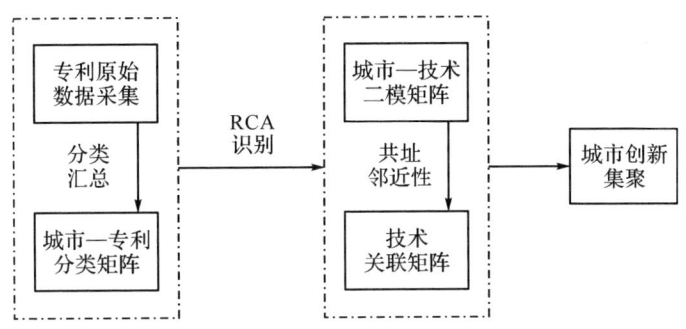

图4-1 城市创新集聚指标测度的总体思路

二、通过RCA共址邻近编制技术关联矩阵

为了构建技术空间，首先需要计算技术的比较优势。一个城市在技术空间中占据某个节点表示该城市的某项技术具有比较优势，一般采用Balassa（1965）提出的显示性比较优势（Revealed Comparative Advantage，RCA）指数，具体由一个城市某种技术数量占该城市技术总量的份额与全国此种技术数量占全国所有技术数量的份额之比来表示。如果RCA大于等于1，说明该市此种技术具有比较优势；如果RCA小于1，则说明该市此种技术没有比较优势。以$patents_{ikt}$代表城市i在t年的专利技术k的数量，那么相应的技术比较优势指数表述如下：

$$RCA_{ikt} = \frac{patents_{ikt}/\sum_k patents_{ikt}}{\sum_i patents_{ikt}/\sum_i \sum_k patents_{ikt}} \quad (4-1)$$

一般取$RCA=1$作为界定城市的某技术是否具有显示性比较优势的临界

值[①]，如果 $RCA \geq 1$，说明该技术具有显示性比较优势，处理为 $x = 1$；相反，如果 $RCA < 1$，说明该技术不具有显示性比较优势，处理为 $x = 0$。具体如下：

$$x_{ikt} = \begin{cases} 1, & if\ RCA_{ikt} \geq 1 \\ 0, & if\ RCA_{ikt} < 1 \end{cases} \tag{4-2}$$

从关联视角构建创新集聚指标的另一个重点是合理测算每一对技术之间的关联程度。本章沿用与产品空间理论相似的方法，即测算共址邻近性，其定义为在同一城市具有比较优势的任意两种技术共同出现的最小概率。其逻辑是，两种具备显示性比较优势的技术在同城市共同出现的次数越多，表明开发这两种技术所需的创新能力越相似，也就是技术之间转换的难度越小，技术之间的关联程度就越高。具体如下：

$$\varphi_{i,j,t} = \min \left\{ P(x_{ikt}|x_{ilt}),\ P(x_{ilt}|x_{ikt}) \right\} \tag{4-3}$$

式中，x_{ikt} 表示技术 k 具备显示性比较优势的情况，x_{ilt} 表示技术 l 具备显示性比较优势的情况。$P(x_{ilt}|x_{ikt})$ 表示在技术 k 具备显示性比较优势的条件下，技术 l 也具备显示性比较优势的条件概率。同理，$P(x_{ikt}|x_{ilt})$ 表示在技术 l 具备显示性比较优势的条件下，技术 k 也具备显示性比较优势的条件概率。考虑到 $P(x_{ikt}|x_{ilt})$ 与 $P(x_{ilt}|x_{ikt})$ 不一定相等，有必要处理相同技术之间不同的关联程度，因此取二者的较小值，同时也满足了条件概率值的对称性要求。

[①] 在第二章的理论模型中考虑了技术普遍性，也就是一些落后的技术会不断退出城市。在本章，技术普遍性将由显示性比较优势这一指标体现。根据比较优势的测算逻辑，落后技术将不具备比较优势。

三、加总技术关联密度构建城市创新集聚指标

基于以上对技术显示性比较优势及其关联系数的测算，可以进一步计算每种技术的关联密度指标。技术的关联密度反映了该技术与其他技术关联的密集程度。如果将这些技术都限定于某一城市范围内，那么可以计算该城市任意技术的关联密度。具体而言，城市i中技术k的关联密度等于该技术与城市i的其他技术之间的关联密度之和除以该技术与全国所有其他技术的总和。那么，城市i的技术k的关联密度指标表示如下：

$$TIA_{ikt} = \frac{\sum_{k \in i, \ k \neq l} x_{ikt} \cdot \varphi_{klt}}{\sum_{k \neq l} \varphi_{klt}} \times 100 \qquad (4-4)$$

根据指标构造，技术关联密度介于0和100之间。具体而言，如果技术k的关联密度等于0，那么表示城市i没有与技术k关联的技术；相反，如果技术k的关联密度等于100，那么表示城市i的技术k与所有技术都密切关联。

对于整个城市而言，如果拥有N项比较优势技术，那么其创新集聚等于N项技术的关联密度的平均值。具体如下：

$$DAgg_{it} = \frac{\sum_{k \in i}^{N} TIA_{ikt}}{N} \qquad (4-5)$$

上式中，$DAgg_{it}$表示城市创新集聚指标，同样介于0和100之间，其反映了城市i在地理空间范围内集聚的以关联密度为权重项的技术总量，兼具地理集聚和技术集聚的双重属性。

城市创新集聚统计测度的数据
采集与分类整理

一、专利作为测度数据的合理性分析

已有研究中关于创新的测度指标尚不统一，各有利弊。出于数据的可得性，国内主要有两大类。第一类是测度专利数据。需要指出的是，对采用专利数据测度创新是否合理的讨论尚未有定论。Griliches（1998）较早关注到用专利数据测度创新的相关问题，认为主要缺憾是并非所有创新都会申请专利，专利并不能完全反映创新的全部成果，据此测算的结果与真实的创新水平会出现一定的误差（Stiglitz，2014；Garcia 等，2015；Moser，2016）。同时，不同专利的创新程度或者说专利的质量不完全相同，进一步体现为专利的经济价值也不一样（吴延兵，2006）。第二类是测度创新数据，包括新产品开发项目数（冯根福等，2006）、新产品销售收入和技术市场成交金额（朱有为和徐康宁，2006）等，这些与专利相比更接近技术产业化环节。事实上，这些创新指标存在诸多弊端，同样不能囊括创新的全部信息，测度结果也与创新的真实情况存在一定的偏差。

尽管用专利衡量创新存在着一些众所周知的不足，但是优点更加明显（张杰等，2016）。首先，专利是创新过程中产出环节的指标，是研发主体开展创新活动所取得的直接创新成果，此时尚未进入产业化等其他价值评价系统，主要反映了研发主体的创新经验和水平而非创新的经济价值，能够真实反映创新能力。其次，专利文件具有规范的格式，有效记录了创新的关键信息，包括清晰的多时点法律状态、详细的归属地址、标准化的技术分类和丰富的发明人信息等，便于分类汇总和比较，是新产品销售收入等指标都不具备的。再次，专利文件包含了技术开发机理等翔实的创新内容，且具有独占性的知识产权，具有明确的知识产权权属关系，后续的交易数据也翔实可查，便于分析创新的动态和扩散。最后，专利授权后还可以通过转让、许可等途径进行知识扩散，专利是具有公共物品属性兼具明确法律权属的知识产品，这些也是其他创新数据所缺少的性质。总体而言，与其他形式的创新数据和指标相比，专利更接近创新的本质，数据获取更加便捷，处理技术更成熟，也更多被国内外学者采用，研究结论更具有可对比性，有利于学术同行的交流。因此，在目前研究中，专利依然是衡量创新水平主要的指标。

中国专利制度根据创新水平从高到低的次序，将专利分为发明专利、实用新型专利和外观设计专利三类。发明专利和实用新型专利都采用国际分类号编码，能够进一步细分技术领域，可以从技术空间视角测度城市创新集聚。外观设计专利采用独特的分类方法，且创新焦点集中在外观设计上，与其他两类专利在技术含量、开发难度及经济价值上都存在很大的差异。此外，实用新型专利的技术含量与发明专利相比也较低。目前中国高度关注关键核心技术等高质量专利，若采用实用新型专利数据可能会高估中国的创新能力，误判城市创新集聚对经济发展质量的影响效果。并且，从国内外相关研究和专利制度看，很多国家的专利只限于发明专利，基于发明专利数据的研究结论更便于进行国内外比较和交流。基于上述考虑，本章选取发明专利数据作为测度创新集聚的基础数据，以便更客观地反映出城市的创新能力与科技综合实力。

在选用专利数据的过程中，还存在选择专利申请数据还是专利授权数据的分歧。本章拟采用专利的申请数据，这主要是为了避免采用授权数据可能存在的遗漏问题。具体而言，一方面，一项专利是否被授权可能会受到与专利本身无关因素的干扰，比如审批效率、审查员的专业能力等；另一方面，无论专利授权与否，专利本身都反映了创新主体的创新能力和投入的研发成本。基于这样的考虑，本章采用专利申请的数据进行研究，这也是同类研究常见的做法（如段德忠等，2016）。

二、数据采集来源与数据质量检验

本章的研究对象限于中国地级及以上城市，虽然有部分国内申请人向其他国家或地区申请专利，但是申请人在本国申请专利比例往往是最高的；况且，为了获得更多国家的专利保护，拓展专利产品的市场，在国外申请的专利往往会以同族专利等途径申请国内专利，并不会对测度结果产生严重的影响。此外，不同国家、地区和组织的专利和知识产权保护制度是存在差异的，相应地，专利局对专利申请和授权的程序、要求都不尽相同，如果采用不同专利局的数据，容易产生专利质量的系统性偏差。因此，本章只考虑来源于中国国家知识产权局的中国专利数据。

采用专利作为创新指标涉及专利申请的时间标准。一是选择哪个审查阶段的发明专利数据。关于此，学界根据研究对象已经做出了大体一致的选择。根据中国发明专利的审查程序（如图4-2），主要的时间点包括申请日（即受理日）、公开日和授权日（即授权公告日）。鉴于公开日受到专利审核法定流程的影响，不同专利乃至不同年份有较大差异，且申请日是距离创新活动实际发生的时间最为接近的日期，考虑到本章研究目的，采用申请时间作为时间标准。二是专利数据统计的基期和末期的确定。本章采用的专利申请量数据来源于国家知识产权局中国专利公布公告系统，采集截止时间为2020年9月30日，为保证年度数据的完整性，数据只能截止到

2018年。由于具体公布数据的滞后性，尽管2018年等尾部年份的数据仍存在不同程度的缺失情况，考虑到本章将以一定的折旧率以连续年度累计值测算创新集聚指标，只要缺失不是集中于特定城市或技术领域，都不会影响结论。同时，考虑到中国专利数据始于1985年，本章专利数据的起始年份定为1985年，终止年份为2018年。

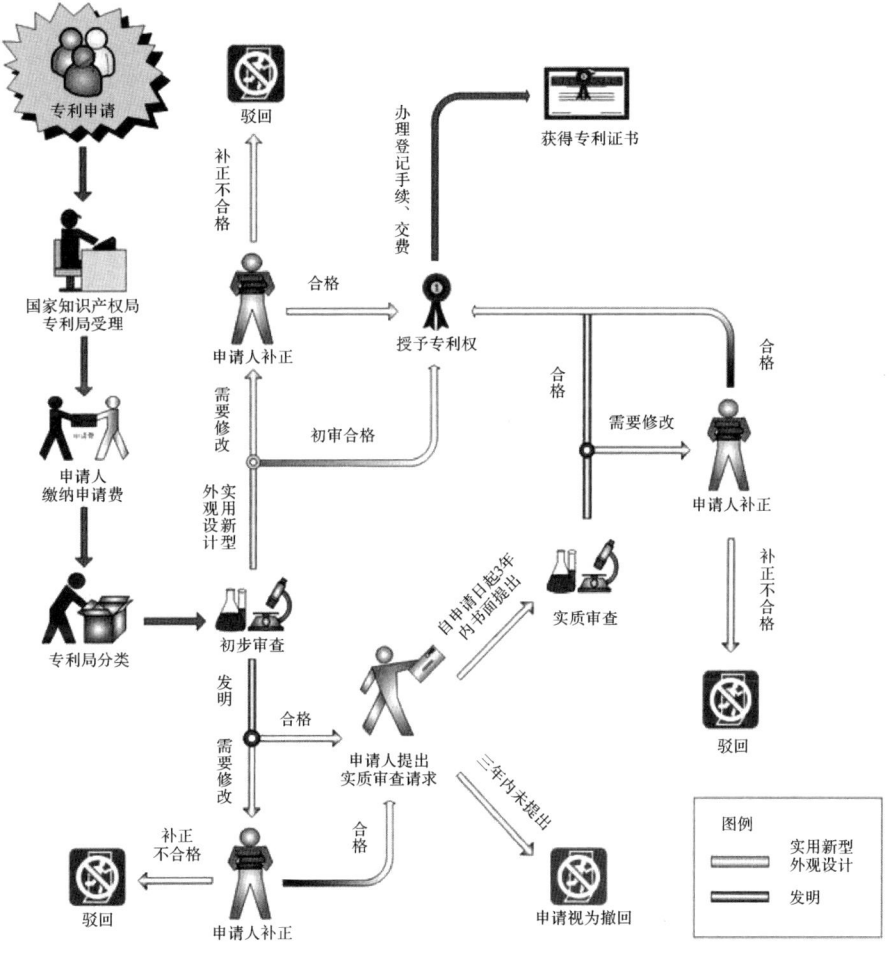

图4-2　中国专利审查程序[①]

---

① 资料来源：https://www.jianshu.com/p/1d3657da4ce3。

为检验本章所采用数据的合理性，特将其与历年的中国专利统计年报中对应年份的国内发明专利申请数据进行比对。如图4-3所示，本章整理的专利数据占历年中国专利申请总量的比重最低为1997年的77.20%，最高为2017年的99.48%，平均占比为84.08%，样本覆盖比率高，样本数据来源可信度高。

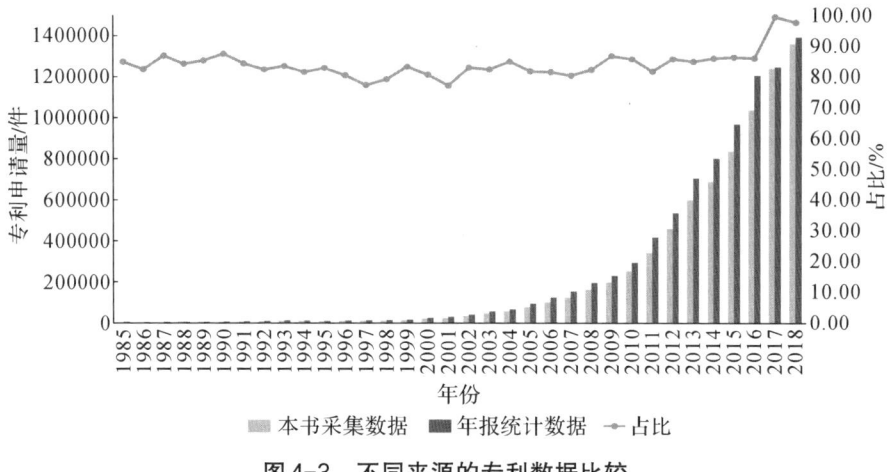

图4-3　不同来源的专利数据比较

三、基于IPC小类的技术分类

借助专利公开文件中的分类信息，可以将专利数据与技术分类联系起来。中国专利的技术分类采用国际专利分类体系（International Patent Classification，IPC）。国际专利分类体系起源于《斯特拉斯堡协定》，该协定1971年3月24日签订，1975年正式生效。依据《斯特拉斯堡协定》，国际专利分类联盟成立。此后，为适应技术进步，《国际专利分类表》不停修订。自1985年4月1日起，中国开始采用IPC分类号，并在出版的专利文献上进行标注。

表4-1　IPC体系的分部

代码	分部
A	人类生活必需
B	作业、运输
C	化学、冶金
D	纺织、造纸
E	固定建筑物
F	机械工程、照明、加热、武器、爆破
G	物理
H	电学

　　IPC采用了分级管理体系，按部、大类、小类、大组、小组5级进行分类，其中部由1个大写字母组成（A—H），大类由两个数字组成（01—99），小类由1个大写字母组成，大组由1—3个数字组成，小组由2—4个数字组成，大组和小组之间有一个"/"将两者分隔。

　　国际专利分类号是对专利进行技术分类的通用标准，中国发明专利和实用新型专利在主分类号和分类号都标注了IPC编码，如一项名为"一种具有抑菌作用的生物发酵麸皮及其制备方法和应用"的发明专利中，在主分类号标注了"C12P21/00"，在分类号中标注了"C12P21/00；A23K1/16"。主分类号标注了专利主要所属的唯一技术分类，而分类号标注了多个技术分类。为有效区分专利的技术类型，本章借用已有文献的做法，根据主分类号界定专利的技术分类。同时，为了有效测度城市及某一年度的创新集聚程度，通过权衡专利技术类别的细分程度和专利数据量的限制，同时借鉴相关文献，本章采用IPC中的629种小类作为划分专利的标准①。

---

① 考虑到二级分类末尾为99的专利是未确定的技术分类且数量较少，本章未做统计。

四、基于邮编库等方法逐层匹配的城市分类

鉴于本章分析的创新集聚的空间单元是城市，具体为285个地级及以上城市的行政区域（如表4-2），这就需要将单项专利汇总到城市层面。由于专利是由属地专利权利人申请的，专利原始数据中与行政区划相关的字段为"国省代码"和"地址"，大部分专利的城市信息可以从中析出。

表4-2 样本城市的分省（自治区、直辖市）统计

省（区、市）	城市数量	省（区、市）	城市数量
北京市	1	河南省	17
天津市	1	湖北省	12
河北省	11	湖南省	13
山西省	11	广东省	21
内蒙古自治区	9	广西壮族自治区	14
辽宁省	14	海南省	2
吉林省	8	重庆市	1
黑龙江省	12	四川省	18
上海市	1	贵州省	4
江苏省	13	云南省	8
浙江省	11	陕西省	10
安徽省	16	甘肃省	12
福建省	9	青海省	1
江西省	11	宁夏回族自治区	5
山东省	17	新疆维吾尔自治区	2

但是，部分专利因地址不清晰或原来地址的行政区划已调整等，不能

从地址中直接确定城市归属。为此，本章用以下方法逐步纠正：第一步是内部匹配法，从匹配地址成功的专利中提取出权利人、年份和地址等信息，形成正确的地址库，其他未成功匹配地址的专利用该库进行匹配。第二步是通过邮编匹配法。采用与段德忠等（2016）类似的方法，通过整理邮编库网站（www.youbianku.com）的数据，形成全国285个地区的邮政编码数据库。接着，将无法根据地址匹配地区的专利用邮编数据库确定城市归属。第三步是百度API匹配法。对部分缺乏城市信息、邮政编码缺失或不全的专利，本章通过百度API的正向寻址确定专利的经纬度，再进一步通过逆向寻址确定城市。第四步是人工查询。对极少数通过上述方法仍不能确定城市归属的专利，通过人工查询逐条确定。

本章采集并整理了1985—2018年10072416件国家知识产权局公开公布的专利，其中样本省（区、市）专利总量为7801714件，285个地级及以上城市的专利总量为7752149件。285个城市专利申请总量占样本省（区、市）全部专利的99.36%，样本代表性好（如表4-3）。

表4-3　专利数据汇总对比表

年度	285个城市专利数/件	样本省（区、市）专利数/件	占比/%	年度	285个城市专利数/件	样本省（区、市）专利数/件	占比/%
1985	3449	3478	99.17	2002	32993	33341	98.96
1986	2880	2925	98.46	2003	46720	47094	99.21
1987	3453	3505	98.52	2004	55853	56252	99.29
1988	4026	4060	99.16	2005	76350	76786	99.43
1989	4052	4106	98.68	2006	99597	100301	99.30
1990	5102	5179	98.51	2007	122919	123611	99.44
1991	6216	6312	98.48	2008	159919	160754	99.48

续　表

年度	285个城市专利数/件	样本省(区、市)专利数/件	占比/%	年度	285个城市专利数/件	样本省(区、市)专利数/件	占比/%
1992	8253	8373	98.57	2009	198683	199712	99.48
1993	10091	10251	98.44	2010	251124	252397	99.50
1994	9123	9271	98.40	2011	339584	341214	99.52
1995	8295	8446	98.21	2012	458915	461369	99.47
1996	9269	9447	98.12	2013	598018	601282	99.46
1997	9812	9985	98.27	2014	688466	692726	99.39
1998	10858	11086	97.94	2015	834916	840881	99.29
1999	12974	13189	98.37	2016	1035882	1045393	99.09
2000	20437	20694	98.76	2017	1239218	1241343	99.83
2001	23145	23421	98.82	2018	1361557	1373530	99.13

<table>
<tr><td>第三节</td><td>城市创新集聚统计测度的矩阵
编制与技术空间绘制</td></tr>
</table>

一、城市—技术分类矩阵的编制

考虑到细分技术领域及小尺度空间的数据比较稀疏，尤其在早期年份稀疏程度更高，同时考虑到专利申请与实际创新活动相比存在时滞且易受到创新政策的影响，更重要的是，技术创新是创新能力积累的结果，二者并非线性的投入产出关系，本章采用研发投资永续盘存法的思路（吴延兵，2006），以1985年为基期，以15%的年折旧率计算后续年度的专利技术存量。

表4-4报告了1985年中国的专利制度起始年度、2001年加入世界贸易组织、2008年金融危机和2018年等4个典型年份专利存量排名前10的城市。从表4-4可见，一方面，专利存量快速上升，排名第一的北京从1985年的626项上升到2018年的451627项，上海、天津等城市也呈现加速上升趋势。

表4-4　典型年份专利存量排名前10的城市

单位：项

排名	1985年		2001年		2008年		2018年	
	城市	专利存量	城市	专利存量	城市	专利存量	城市	专利存量
1	北京	626	北京	13085	北京	70755	北京	451627
2	上海	338	上海	9073	深圳	55760	深圳	266793
3	天津	157	深圳	2514	上海	53391	上海	250773
4	武汉	141	沈阳	2189	天津	18613	苏州	209059
5	南京	119	天津	2183	杭州	15674	成都	145057
6	西安	108	武汉	1950	南京	12519	南京	142072
7	沈阳	101	广州	1917	广州	11458	广州	138868
8	长春	92	成都	1884	苏州	11268	天津	118002
9	成都	92	南京	1657	武汉	8655	杭州	112998
10	长沙	90	哈尔滨	1442	成都	8539	青岛	108659

另一方面，除了北京始终处于第一之外，从表4-5进一步可知，天津和上海在所有年份都位于前10。此外，其他城市都有不同程度的变迁，尤其是深圳、苏州、杭州等都是"入世"以后才挤入前10名的。

表4-5　1985—2018年城市专利数量排名前10的频次

城市	次数	城市	次数	城市	次数
北京	34	杭州	21	长沙	6
天津	34	西安	20	青岛	6
上海	34	沈阳	19	长春	3
南京	33	深圳	19	大连	2
成都	28	哈尔滨	13	重庆	1
武汉	25	苏州	12		
广州	23	无锡	7		

同样，表4-6报告了四个典型年份专利存量排名前10的技术领域。一方面，专利存量快速上升，如G06F（电数字数据处理）领域从1985年的57项增加到2018年的234599项。

表4-6　典型年份专利存量排名前10的技术领域

单位：项

排名	1985年		2001年		2008年		2018年	
	IPC	数量	IPC	数量	IPC	数量	IPC	专利
1	C22C	91	A61K	10636	A61K	42038	G06F	234599
2	G01N	85	A23L	3745	H04L	23265	A61K	176975
3	C07C	72	C07K	2742	G06F	16017	G01N	122204
4	B01J	64	G06F	2586	G01N	11506	H04L	115886
5	C04B	61	C12N	2156	A23L	10575	A23L	86629
6	A61K	60	A01N	1507	H04Q	10550	G06Q	80011
7	G06F	57	C07C	1456	H04N	8329	C08L	71812
8	C23C	51	C04B	1428	C07C	7097	C02F	63770
9	H02K	47	G01N	1208	C12N	6899	H01L	62268
10	B23K	46	C02F	1043	C04B	6321	A01G	62011

另一方面，由表4-7可知，A61K（医用、牙科用或梳妆用的配制品）、G06F（电数字数据处理）、G01N（借助于测定材料的化学或物理性质来测试或分析材料）等有机化学、计算机技术和测量等技术领域的专利在所有年份都位列前10；H01L（不包括在大类H10中的半导体器件）、H04L（数字信息的传输，例如电报通信）等信息技术领域专利近年来快速发展。

表 4-7　1985—2018 年技术领域专利数量排名前 10 的频次

IPC	次数	IPC	次数	IPC	次数
A61K	34	C09D	12	B01D	4
G06F	34	C02F	11	C09K	3
G01N	34	H01L	10	A01G	2
A23L	32	H04W	9	C23C	2
C07C	26	C22C	9	H02K	2
C04B	25	A61N	8	G06Q	2
H04L	16	B01J	7	B23K	1
C12N	13	C08L	7	E04B	1
A01N	13	H04Q	6		
H04N	12	C07K	5		

总之，无论从城市维度还是技术维度看，从时序上都呈现专利涌现、创新集聚的现象。从具体城市看，北京等城市的创新集聚具有很强的稳定性，这种稳定性同样表现在 G06F 等重要技术领域。此外，深圳、杭州、苏州等新兴科创城市逐步兴起，H04N 等信息技术领域的专利申请量日趋增加，呈现出创新向新兴城市和新兴技术集聚的现象。

二、城市—技术二模矩阵的编制

根据式（4-2），本章测得 1985—2018 年 285 个城市 629 类技术领域的 RCA。考虑到直接用表格列示 629×629 矩阵的难度，本章根据各年度的城市—技术 RCA 的二模矩阵，采用 R 语言 heatmap.2 程序包绘制了典型年份的热力图（如图 4-4）。热力图中，横向自左向右分别为国际专利分类号 A—

H的629个技术领域，纵向自上而下为285个城市，组成629×285的热力图；深色表示$RCA=0$，白色斑点表示$RCA=1$。从1985年、2001年、2008年和2018年的热力图可发现，随着时间的推移，白色斑点越来越稠密，这表示具有比较优势的技术领域越来越多。

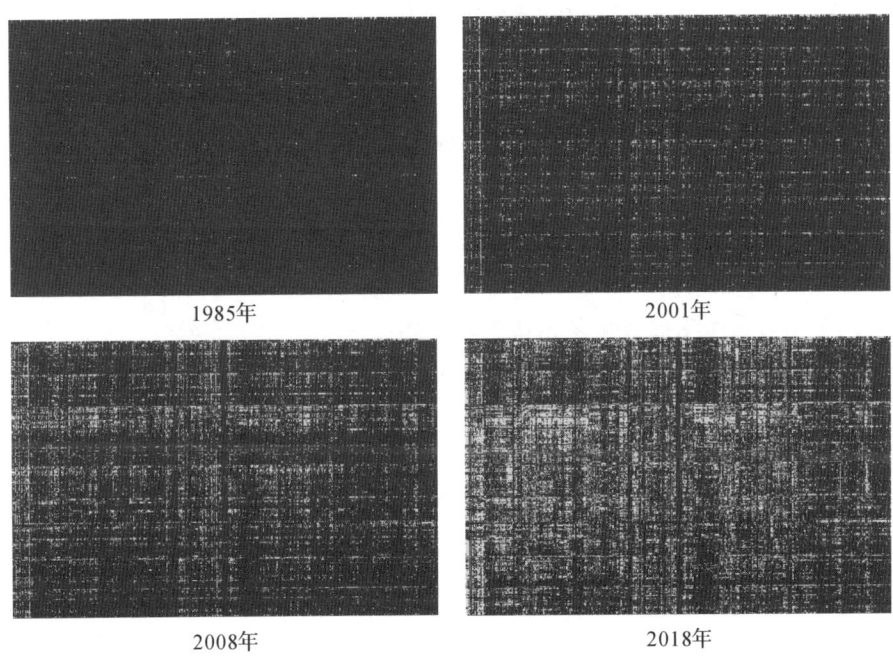

1985年　　　　　　　　　　2001年

2008年　　　　　　　　　　2018年

图4-4　典型年份"城市—技术"RCA热力图

从城市层面看（如图4-5），RCA总量从1985年的488增加到2018年的41788，285个城市RCA的平均值从基期的1.7增加到2018年的146.6，进一步说明总体层面城市的RCA逐年增长。从分布状态看，城市RCA最小值也从1985年的0增加到2018年的27。最大值从1985年的88起步，至2000年达到最大值317，后续围绕着280小幅波动；同时，标准差在2008年前后趋于稳定。这说明城市的技术比较优势并不会随着专利总量增加而不断增强，可能会逐步从技术多样化向技术专业化模式转变。

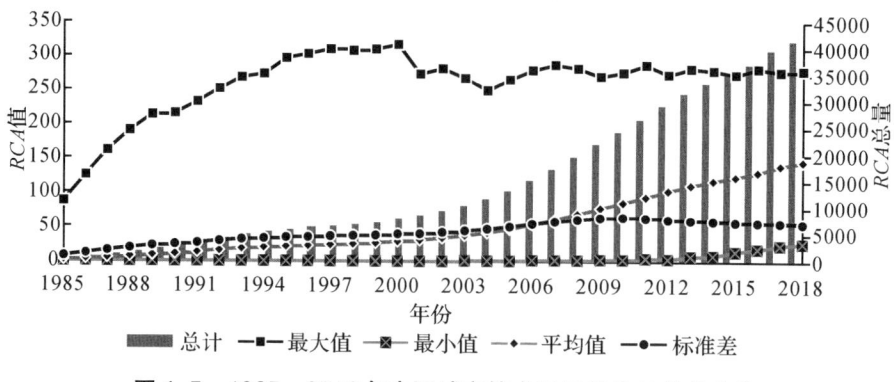

图4-5　1985—2018年中国城市技术显示性比较优势变化

从技术层面看（如图4-6），RCA 总量变动与城市层面的表现一致。629类技术 RCA 的平均值从基期的0.8增加到2018年的66.4，说明技术被越来越多的城市所掌握。从分布状态看，1985—2018年都有部分技术没有成为任何一个城市的优势领域，主要是落后淘汰的技术。从最大值看，成为所有城市显示性比较优势的技术数量从1985年的14增加到2018年的205，说明这些技术的普遍性程度增强。标准差从1985年的1.8增加到2018年的41.4，说明技术多样性层面的创新集聚程度明显提高。

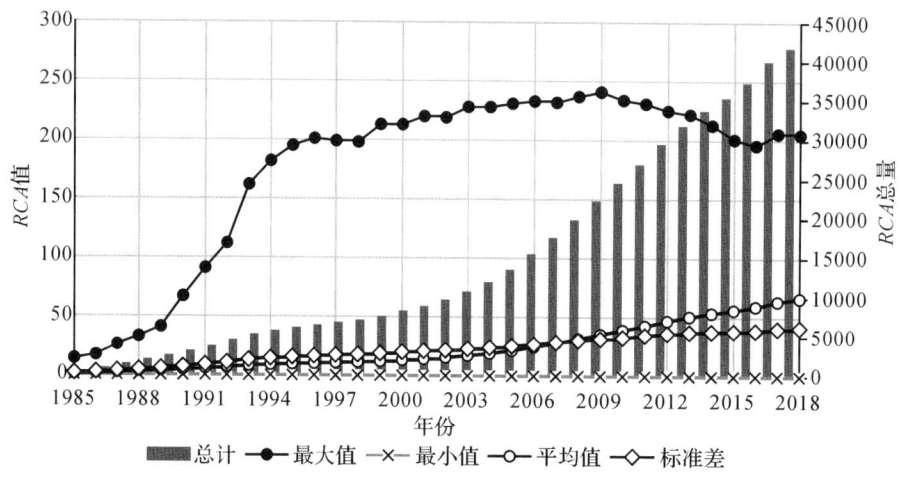

图4-6　1985—2018年中国技术显示性比较优势发展

三、技术关联矩阵的编制

根据式（4-3），本章测得1985—2018年的629类技术领域之间的关联系数，形成各年度关联系数对称矩阵。为了直观表达技术之间关联系数的对称矩阵，同样采用R语言heatmap.2程序包绘制了典型年份的热力图（如图4-7）。

图4-7中，横坐标和纵坐标均为国际专利分类号为A—H的629个技术领域，组成1985年、2001年、2008年和2018年四个年度629×629的技术关联系数的热力图。尽管关联系数是0到1的连续变量，但是为了更为清晰地表示技术关联系数的动态变化趋势，本章将关联系数均分为5个等级。从热力图可发现，随着时间的推移，白色斑点越来越稠密，表示高度关联的技术对越来越多。

在1985年到2018年的所有年份中，629类技术之间形成了197506个关联系数。一方面，由于一些技术尚未成为优势技术，或者技术之间尚未形成关联，技术之间关联系数为0，即关联系数取零值。由图4-8可知，1985年，关联系数零值的总量达到190645个，占比为96.53%；随后呈下降趋势，到1998年，零值占比下降到50.49%，总量为99719个；到2018年，零值总量仅为10869个，占比下降到5.50%。零值数量逐年下降的趋势说明，技术间的关联越来越紧密，技术空间层面的创新集聚程度越来越高。

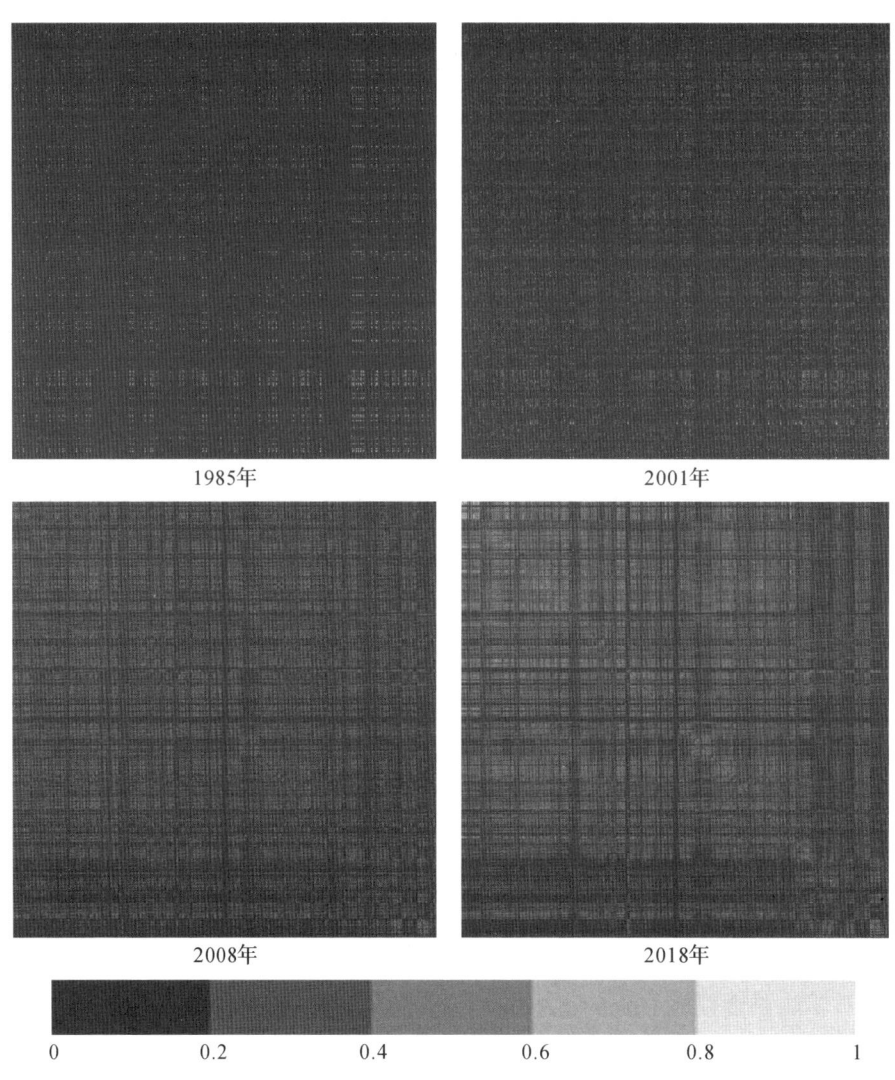

1985年   2001年

2008年   2018年

0   0.2   0.4   0.6   0.8   1

图4-7 典型年份的技术关联性热力图

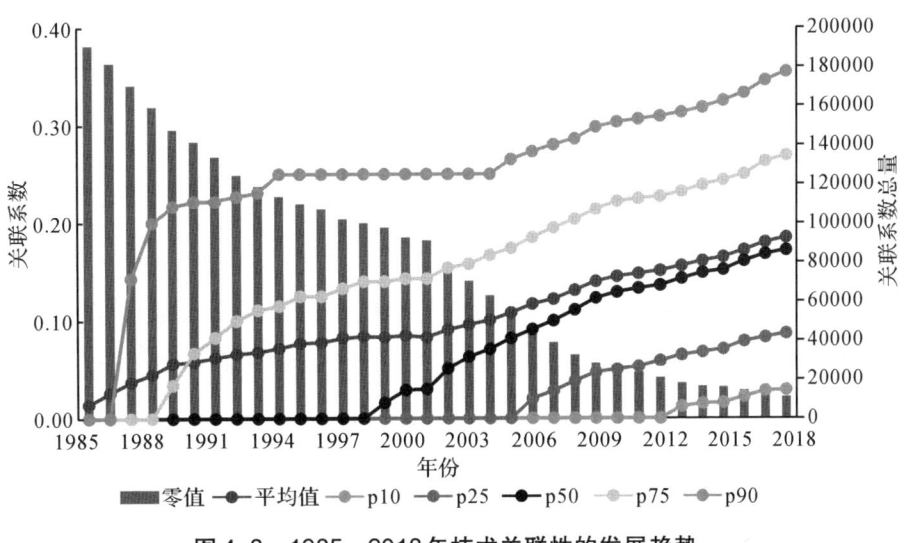

图4-8　1985—2018年技术关联性的发展趋势

　　另一方面，从关联系数均值看，1985年仅为0.01，技术的平均关联程度较低，创新集聚的技术空间结构比较松散；至2003年，关联系数均值变为原先的10倍，达到0.1，技术的平均关联程度快速上升，这主要得益于城市拥有比较优势的同类技术不断增加；2018年关联系数均值达到0.19，同样得益于城市拥有比较优势的技术数量不断增加。从百分位数看，1985年的各个分位数的数值都为0，说明不同百分位上的关联程度都极小甚至尚未关联；此后分别是1987年的90分位数、1989年的75分位数、1999年的50分位数、2006年的25分位数以及2013年的10分位数突破了零值。综合来看，年份越早，技术关联就越不稳定，这主要是因为诸多城市早年尚未在技术领域积累比较优势，数据难以揭示技术之间实际的内在关联事实。也就是说，早期的城市创新集聚，主要表现为地理空间集聚而非技术关联性集聚。

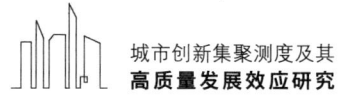
四、技术空间及其最大生成树的绘制

根据上述比较优势及技术关联系数的计算结果，本章进一步将其整理成技术关联矩阵。为直观显示城市创新集聚的技术空间演化格局，本章绘制了技术空间图，据此可揭示城市创新集聚的技术关联的形成过程。为绘制各年度的技术空间图，选取已有节点及节点之间关联系数最大值作为边，形成简洁的最大生成树（如图4-9）。1985年的最大生成树的主干清晰，分叉较少；2001年、2008年、2018年，最大生成树的枝干数量增加，结构更加复杂。事实上，最大生成树描绘了创新集聚过程中技术进步的方向和路径，以及各类技术领域之间的关联，是描绘城市创新集聚推动技术进步过程的核心图谱。

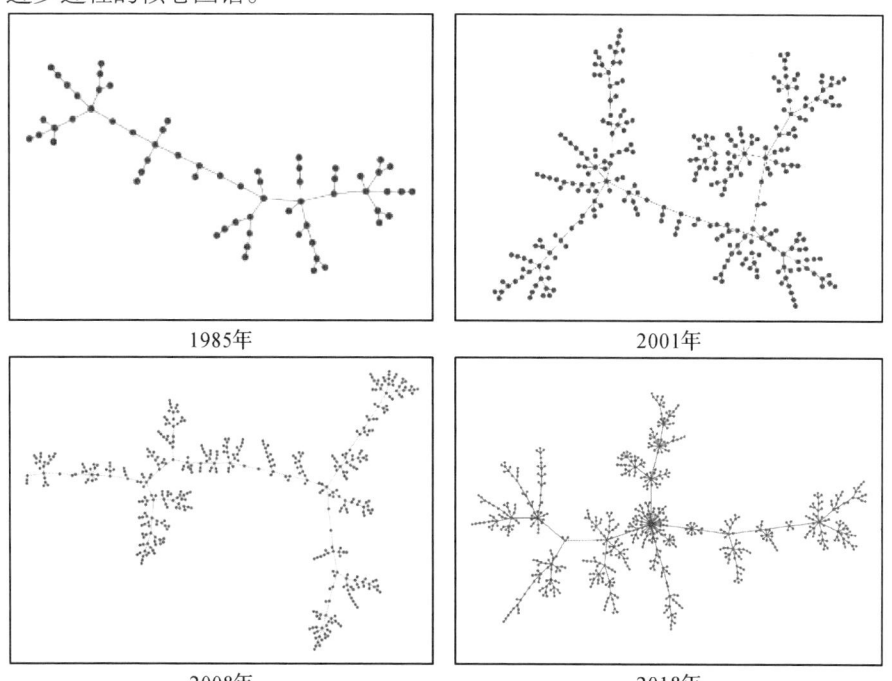

图4-9 技术空间的最大生成树

　　进一步地，采用Gephi软件的Force Atlas2算法展示了2018年629类技术的相对位置及其关联系数大于0.55的边（图4-10）。通过图4-10至少可以发现，创新集聚具有很强的技术关联性，靠近图的中心位置的技术节点与其他节点关联程度较高。图从总体上呈现了技术层面的创新集聚现象，图的左侧主要由传统的化工、机械及其他技术类型组成，而图的右侧主要由电气工程和仪器等新兴技术组成。据此，可以进一步分析城市创新集聚程度关联技术领域的所占权重。

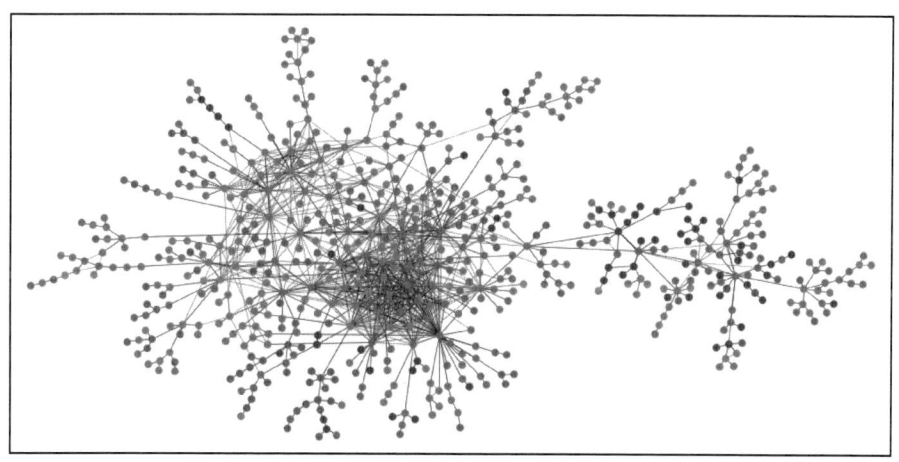

图4-10　中国城市创新集聚的技术空间（2018年）

城市创新集聚的发展趋势
及其演变规律探究

一、城市创新集聚的发展趋势

图4-11列示了城市创新集聚程度在全国层面和东中西区域的发展趋势。从全国层面看，1985—2018年，中国的城市创新集聚程度逐年提高，从1985年的0.29上升到2018年的25.43，增长幅度较大。分区域看，东部、中部和西部地区的城市创新集聚程度也呈上升趋势。至2018年，东部地区的城市创新集聚程度最高，中部次之，西部最低。

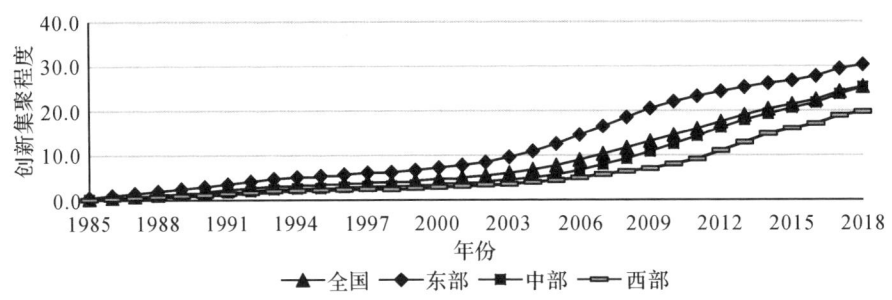

图4-11 不同区域城市创新集聚程度的变化趋势

二、城市创新集聚的空间格局

为了进一步分析城市创新集聚的空间格局，利用ArcGIS绘制1985年、2001年、2008年和2018年城市创新集聚的空间分布图。分类上，考虑到历年城市创新集聚实际数据都在0—50之间，本章采用间隔为10的等距分类法将其分为高水平、中高水平、中等水平、中低水平与低水平5类。

自1985年至2018年，中国城市创新集聚的空间分布格局变化较为明显。1985年，中国城市创新集聚的整体水平较低，绝大部分城市为低水平区域，仅北京和上海的创新集聚程度为中低水平，创新集聚的优势城市是北京和上海，但是集聚程度也不高。主要原因在于1985年开始系统记录的专利数据，尚不能有效反映各地的创新能力及其创新集聚程度，导致创新集聚程度系统性偏低。当然，北京和上海两地具有研发机构和科技企业集中、创新成果专利化能力强等有利条件，支撑了这两座城市的创新集聚水平。

2001年，城市创新集聚程度在总体上有了大幅提高，北京已经跃升为高水平组，另有南京、天津、广州等6市迈入中高水平组，上海、哈尔滨、大连等11市迈入中等水平组，合肥市、佛山市、宁波市等23市跳出低水平组加入中低水平组。2008年，城市创新集聚程度进一步提高，高水平组仍为6市，中高水平组增加至21市，中等水平组增加至36市，中低水平组增加至51市。至2018年，高水平组达22市，中高水平组达63市，中等水平组为117市，中低水平组和低水平组分别仅剩62市和21市，城市创新集聚程度整体跃升。

三、城市创新集聚的演变规律

为考察城市创新集聚的流动性，采用转换概率矩阵（Transition Probability Matrices）分析城市创新集聚的位序演变规律。把城市创新集聚程度划分为5种类型，构造出5×5的转移概率矩阵，据此从转移概率的角度来探究城市创新集聚程度的动态演变过程（如表4-8）。

表4-8　城市创新集聚的转换概率矩阵

单位：%

时间	$t/t+1$	I	II	III	IV	V
2001—2018	I	52.6	24.6	12.3	8.8	1.8
	II	29.8	24.6	28.1	8.8	8.8
	III	10.5	29.8	22.8	17.5	19.3
	IV	3.5	17.5	24.6	33.3	21.1
	V	3.5	3.5	12.3	31.6	49.1
2001—2007	I	70.2	28.1	1.8	0.0	0.0
	II	26.3	49.1	19.3	5.3	0.0
	III	3.5	21.1	56.1	17.5	1.8
	IV	0.0	1.8	22.8	61.4	14.0
	V	0.0	0.0	0.0	15.8	84.2
2008—2018	I	70.2	17.5	8.8	1.8	1.8
	II	21.1	36.8	22.8	12.3	7.0
	III	5.3	36.8	36.8	14.0	7.0
	IV	1.8	7.0	17.5	50.9	22.8
	V	1.8	1.8	14.0	21.1	61.4

注：I、II、III、IV、V分别代表低、中低、中、中高、高水平状态。

　　由表4-8可知，一方面，三段概率转换时期，对角线上的转换概率多数大于非对角线上的转换概率，表明城市创新集聚程度保持稳定的概率高于变动的概率，具有路径依赖的持续性特征。另一方面，城市创新集聚程度存在"俱乐部趋同"的现象，处于高水平、低水平的城市发生转换的可能性很小，三段概率转换时期保持稳定水平的概率最低分别为49.1%和52.6%、84.2%和70.2%、61.4%和70.2%，向上和向下的转换概率总体小于保持稳定的概率，这表明创新集聚程度较高与较低的城市在流动性上均呈显著的趋同态势，导致城市创新的空间差距显著。

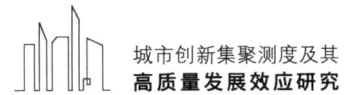

第五节 ▶ **本章小结**

本章基于城市创新集聚的基本特征，通过技术空间模型构建了城市创新集聚指标。在系统说明创新数据选取和处理的合理性的基础上，采用中国发明专利微观数据实际测算了城市创新集聚指标，并对指标的相关特征开展分析，为后续章节的实证分析奠定基础。

首先，整理了能有效测度城市创新集聚的创新数据。本章合理选择国家知识产权局发明专利申请的微观数据库作为测度城市创新集聚的数据来源，采集并整理了1985—2018年10072416件专利，具有良好的样本代表性。

其次，地理空间维度和技术空间维度都显示，城市创新集聚现象非常明显。北京等城市的创新集聚具有很强的稳定性，深圳、杭州、苏州等新兴科创城市逐步兴起，H04N等通信技术领域的专利申请量日趋增加，呈现出创新向新兴城市和新兴技术领域集聚的现象。

最后，技术空间日趋稠密，城市创新集聚密度越来越高。1985—2018年，中国的城市创新集聚均值逐年提高，从1985年的0.29上升到2018年的25.43，增长幅度较大。分区域看，东部、中部和西部地区的城市创新集聚均值均呈上升趋势。

Chapter 05

第五章
城市创新集聚提升经济发展质量的
总体效应

现有文献就如何提升经济发展质量提供了丰富的研究视角，包括基础设施（刘秉镰等，2010）、外商直接投资（李夏玲和殷凤等，2020）、产业集聚（孙浦阳等，2013；范剑勇，2006）、土地资源配置（邓慧慧等，2020）、空间结构（刘修岩等，2017）以及开发区升格（孔令丞和柴泽阳，2021）等。

随着我国创新驱动发展战略的深入实施，科技创新逐步成为经济社会发展的主战场。为此，越来越多的学者开始关注创新的经济发展效应这一研究议题。白俊红和王林东（2016）的实证分析发现，创新驱动经济增长的效应存在区域异质性，创新能够促进全国和东部地区经济增长质量提升，但是对中部地区的影响不显著，对西部地区反而有显著的负向影响。余泳泽和张先轸（2015）认为，只有与要素禀赋、制度环境及经济发展阶段相匹配的创新模式才能有效提升区域全要素生产率。王钺和刘秉镰（2017）基于创新要素区际流动视角的研究发现，创新要素流动能显著提升区域全要素生产率。Sengupta（2014）认为科技创新通过知识积累、创新溢出效应等方式直接或间接地促进经济长期发展。程郁和陈雪（2013）以高新区为样本的研究发现，技术进步对高新区经济增长的贡献率达到26.81%。晏艳阳和吴志超（2020）还分析了创新政策对全要素生产率的影响和作用渠道，研究发现，创新政策显著提升了全要素生产率水平，并且这种影响主要是通过纠正劳动扭曲而非资本扭曲实现的。

综上所述，现有文献对创新领域影响经济发展质量的研究，大多集中于创新活动不同环节对经济发展的影响。相对而言，以创新集聚视角开展的研究非常少见，同时关注创新的地理集聚和技术集聚的文献更加匮乏。事实上，创新集聚有助于企业招聘到合适的创新人才（Strange 等，2006）、使企业易受投资机构的青睐（Kolympiris 等，2011），从而以更低的风险和成本开展新产品研发、重点产品更新换代等产品创新活动。更重要的是，创新集聚还可以通过技能匹配、服务共享和知识溢出等外部性渠道推动技术进步与效率改善（Carlino 和 Kerr，2015），综合提升城市的经济发展质量。基于上述分析，本章将实证分析城市创新集聚对经济发展质量的影响，并在检验内生性与稳健性的基础上，进一步从东中西、城市规模、城市等级等角度考察城市创新集聚影响经济发展质量的多重异质性。

第一节　模型设定与数据说明

一、模型设定

利用生产函数研究特定因素对经济发展质量的影响是一种常用的研究方案（史宇鹏和周黎安，2007）。参考刘修岩等（2017）的做法，本章采用柯布–道格拉斯生产函数（简称C–D函数）作为实证模型的理论框架：

$$Y = AK^{\alpha}L^{\beta}H^{1-\alpha-\beta} \tag{5-1}$$

式中，Y代表城市的总产出，K、L以及H分别代表城市的资本、劳动

力以及人力资本的总投入，A代表城市的效率项。将上式写成单位劳动力
的形式可以得到：

$$y = Ak^\alpha h^{1-\alpha-\beta} \tag{5-2}$$

其中，y代表单位劳动力产出，用来反映城市的经济发展质量，k和h
分别代表单位物质资本和单位人力资本。上式表明，单位劳动力产出取决
于技术进步、物质资本以及人力资本。对于其他影响经济发展质量的因
素，参照Glaeser等（1992）等研究的做法，将其纳入影响效率项A中。本
章选择了创新集聚（$DAgg$）、物质资本（Inv）、对外开放（FDI）、政府作用
（Gov）等以及其他不可观测的影响因素（ε），具体表达方式为：

$$A = f(DAgg,\ Inv,\ FDI,\ Gov,\ \cdots,\ \varepsilon) \tag{5-3}$$

为验证城市创新集聚对经济发展质量的影响，借鉴现有影响经济发展
质量的相关文献，设立如下计量模型：

$$LP_{it} = \alpha_0 + \alpha_1 DAgg_{it} + \gamma_X X_{it} + \mu_i + \eta_t + \varepsilon_{it} \tag{5-4}$$

式（5-4）中，LP_{it}表示被解释变量经济发展质量，$DAgg_{it}$为创新集聚，
X_{it}为控制变量。下标i表示不同城市，t表示不同年份。α_0为常数项，α_1和
γ_X为模型的待估参数。其中，α_1是本章关心的参数，反映创新集聚对经济
发展质量的影响程度：若$\alpha_1 > 0$，说明创新集聚对城市经济发展质量有正
向影响；若$\alpha_1 < 0$，说明创新集聚对城市经济发展质量有不利影响；若
$\alpha_1 = 0$，说明创新集聚对城市经济发展质量的影响不明显。

γ_X为控制变量的系数向量。X_{it}为一组控制变量，用于控制影响城市经
济发展质量的其他经济特征，可由下式来反映：

$$\begin{aligned} \gamma_X X_{it} = {} & \gamma_1 Inv_{it} + \gamma_2 R\&D_{it} + \gamma_3 Gov_{it} + \gamma_4 FDI_{it} + \\ & \gamma_5 Edu_{it} + \gamma_6 Internet_{it} + \gamma_7 Infr_{it} \end{aligned} \tag{5-5}$$

式（5-5）中，X_{it}包含物质资本（Inv）、研发水平（$R\&D$）、政府作用
（Gov）、对外开放水平（FDI）、人力资本（Edu）、互联网发展（$Internet$）和

基础设施（*Infr*）等变量。

由于研究样本包含城市数量较多，城市个体异质性强，为控制随个体变化而导致的遗漏变量问题，在模型中控制了城市中不被观测到、不依时间变化的差异（μ_i）。同时，考虑到城市生产率随时间变化而导致的时间趋势问题，参考已有文献（余靖雯等，2015；李江龙等，2018）的做法，在模型中控制随时间变化且各城市共同面临的趋势效应（η_t）；ε_{it}表示随机误差项。

二、变量选取

（一）被解释变量：劳动生产率

本章主要关心的问题是，创新集聚对经济发展质量究竟产生了怎样的作用，其核心是创新集聚是否会影响劳动生产率。为此，选取以不变价计算的劳动生产率作为被解释变量，即用城市实际产出与劳动力之比衡量劳动生产率。其中，劳动力为各城市单位从业人员数加上城镇私营企业和个体从业人员数，实际产出是以2003年为基期利用价格平减指数对城市名义生产总值进行平减所得，继而得到实际劳动生产率。

实证研究中，借鉴已有研究（孙浦阳等，2013）的做法，同时使用了4种不同的生产率来表示，分别为全员劳动生产率、非农产业劳动生产率、工业劳动生产率以及服务业劳动生产率。在基准模型的分析中，使用全员劳动生产率和非农产业劳动生产率作为被解释变量；在稳健性检验中，则分别使用工业和服务业的劳动生产率。

这样设定出于三个方面的考虑：一是采用劳动生产率能够反映经济发展质量的关键特征，其也为诸多研究采用（陈诗一和陈登科，2018）；二是考虑到城市数据的可得性，采用劳动生产率可以进一步分析农业、工业和服务业等细分产业领域创新集聚对劳动生产率的影响（孙浦阳等，2013；梁婧等，2015）；三是现有经济发展质量的综合指数通常将专利、研发投入等创新指标纳入指标体系，而本章的核心解释变量恰是创新指标，如若采用综合指数进行测度，势必因自变量和因变量的数据同源问题而产生伪回归现象。

（二）核心解释变量：创新集聚

创新集聚（$DAgg$）是本章的核心解释指标，具有"地理—技术"双重集聚的内涵。根据前文创新集聚的测度理论和方法，创新集聚指标的公式如下：

$$DAgg_{it} = \frac{\sum_{k \in i}^{N} TIA_{ikt}}{N} \tag{5-6}$$

式中，TIA_{ikt} 表示城市 i 的技术 k 的关联密度指标，N 为城市 i 拥有比较优势技术的数量。

（三）其他控制变量

根据上文的理论模型并参考以往相关文献，本章还在回归模型中控制了一组城市特征变量，尽可能地避免因为遗漏变量而可能产生的内生性问题。具体包括：

1. **物质资本**（Inv）

中国经济高速增长的历史表明，投资对经济增长发挥重要作用（张军等，2007；金戈，2016）。但是，过分依赖投资拉动经济的做法可能会固化投资驱动型增长模式，抑制经济发展质量的提升，不利于中国经济的可持续发展（贾俊雪，2017；郭凯明等，2018）。可见，一方面，投资是影响经济发展质量的重要因素；另一方面，其对经济发展质量的作用方向和大小受制于经济发展阶段和投资结构等条件，具有不确定性。本章选用城市固定资产投资的全省占比测算物质资本投入。

2. 研发水平（R&D）

研发水平的提高有利于生产要素使用效率的改善和生产方式的现代化，是经济发展质量提升的重要支撑力量（关书和成力为，2020）。在研发的多种投入要素中，研发人才不仅能引导研发资本的投资方向，还能有效协同各类研发投入要素，是研发水平可用的代理变量。同时，考虑到城市层面尚缺乏长时段的研发投入和产出数据，本章选用软件、科技和教育三类从业人员占全社会从业人员的比例来测度研发水平。

3. 政府作用（Gov）

政府行为作为地方政府管理区域经济的主要政策工具，在经济发展过程中发挥着重要作用。一方面，适时有效的财政支出能对冲市场失灵，优化产业结构和投资结构，对经济发展质量提升发挥积极的作用；另一方面，政府行为可能对私人投资产生挤出效应，对经济发展产生不利影响。本章采用地方政府一般性支出占地方生产总值的比例来衡量政府作用的强度。

4. 对外开放水平（FDI）

对外开放水平对经济发展质量的影响具有两面性（白俊红和吕晓红，2017）。一方面，由于中国与发达国家在技术和经济领域尚存在较大的差距，外商直接投资一定程度上可以弥补国内投资的不足，通过设备进口、人员交流等方式，还会带来先进的经验和技术，有助于提升经济发展质量；另一方面，在跨国公司主导的全球产业链和生产网络体系中，国内企业的分工地位往往集中在劳动和资源密集型产品、中低端价值环节，可能处于"被俘获"的困境。因此，提升对外开放水平可能加剧国内企业的

"被俘获"状况，弱化本土企业自主创新的动力和能力，限制城市经济从要素驱动转向效率驱动。本章采用外商直接投资占固定资产投资的比例反映城市的对外开放水平，测算过程中利用当年实际汇率将投资额换算成人民币。

5. 人力资本（*Edu*）

增加人力资本有助于增强人们吸收新知识和新技术的能力，同样有利于增强企业整体的吸收能力及溢出效应（Nelson 和 Phelps，1966）。总之，通过不同形式的培训和日常的"干中学"，人力资本积累能推动技术进步，是提高经济发展质量的重要因素。本章采用陈钊等（2004）的方法，通过计算人均受教育年限衡量人力资本。具体计算公式为：

$$Edu = 6 \times h_1 + 9 \times h_2 + 12 \times h_3 + 16 \times h_4 \qquad (5\text{-}7)$$

其中，h_i（$i = 1$，2，3，4）分别表示受过小学、初中、高中、大学专科及以上教育的人口比例。

6. 互联网发展（*Internet*）

随着互联网技术和应用的不断发展，互联网技术不断渗入产业部门，形成了以工业互联网或产业互联网为形态的融合模式，互联网发展能提升经济发展质量的事实开始得到越来越多实证研究的验证（郭家堂和骆品亮，2016；黄群慧等，2019；程名望等，2020）。本章参照黄群慧等（2019）的做法，选择互联网的普及率、从业人员数及其产出，再加上移动互联网的用户量四个基础指标，进一步采用主成分法形成一个综合指标，以此代理互联网发展水平。其中，互联网的普及率采用网民占人口数量的百分比代理；从业人员数没有直接对应的行业分类，采用计算机相关行业从业人数在就业人数中的占比代理；互联网技术相关产出采用人均电信业务总量代理；考虑到移动电话与移动互联网发展进程具有同步性，用每百人拥有的移动电话数代理移动互联网用户数。

7. 基础设施（*Infr*）

基础设施是现代经济体系的基础和保障，一方面作为一种投资，可以推动经济发展，另一方面通过降低原材料和产成品的运输成本和交易费用，提升经济发展质量。本章采用城市道路面积占建成区面积的比例来衡量各个城市的基础设施水平。

三、数据来源与描述性统计

鉴于城市层面相关数据可获得性，本章的样本区间设定为2003—2018年，涉及的城市是样本中除拉萨、巢湖、毕节、铜仁、三沙和海东之外的中国285个地级及以上城市，形成了4560个平衡面板数据集。

研究使用的数据除了创新集聚指标之外，均来自《中国城市统计年鉴》、《中国城市建设统计年鉴》、《中国区域经济统计年鉴》、部分地级市统计年报以及EPS统计数据库。个别城市的缺失数据采用线性插值法补充。

需要指出的是，实证分析中对相关指标做了如下处理：（1）为消除价格波动的影响，以2003年为基期的价格指数对相关变量进行平减；（2）为缓解异方差和多重共线性问题，对文中相关变量进行了加1再对数化处理；（3）为了避免极端异常值（离群值）对估计结果的影响，对被解释变量和解释变量进行了前后1%的缩尾处理。

表5-1的描述性统计结果显示，全员劳动生产率指标（*LPt*）和非农劳动生产率（*LPn*）的均值分别为3.160和3.045，最大值分别为4.749和4.748，最小值均为0，标准差分别为0.519和0.541，表明不同城市间经济发展质量差异较大。创新集聚（*DAgg*）指数同样呈现"均值小、标准误大"的特点。从控制变量看，不同城市在物质资本（*Inv*）、研发水平（*R&D*）、政府

作用(Gov)、对外开放水平(FDI)、人力资本(Edu)、互联网发展
($Internet$)以及基础设施($Infr$)等方面也存在着明显的差异。

表5-1　主要变量的描述性统计

项目	观测数	均值	标准差	最小值	最大值
LPt	4560	3.160	0.519	1.045	4.749
LPn	4560	3.045	0.541	1.325	4.748
$DAgg$	4560	2.219	0.983	0.000	3.960
Inv	4560	0.007	0.003	0.001	0.026
$R\&D$	4560	0.150	0.051	0.021	0.330
Gov	4560	0.149	0.075	0.031	0.706
FDI	4560	0.885	0.619	0.000	3.653
Edu	4560	2.209	0.095	2.037	2.618
$Internet$	4560	0.687	0.303	0.000	2.448
$Infr$	4560	2.315	0.555	0.465	4.694

主要模型的方差膨胀因子（VIF）总值和单个解释变量的VIF值都小于
10，表明解释变量之间不存在多重共线性（如表5-2）。

表5-2　主要模型的方差膨胀因子

项目	$DAgg$	Inv	$R\&D$	Gov	FDI	Edu	$Internet$	$Infr$	均值
VIF	2.72	1.50	1.45	1.90	1.34	1.80	1.82	1.62	1.82

实证分析与结果解释

一、模型设定的检验

　　为了直观反映城市创新集聚与经济发展质量的相关性，利用散点图进行定性分析。图5-1是城市创新集聚和全员劳动生产率、非农劳动生产率的散点图①。由图可知，城市创新集聚和全员劳动生产率呈现正相关关系，即随着创新集聚程度的提高，城市经济发展质量同步提升；城市创新集聚和非农劳动生产率图形相似，而且斜率明显大于前者。从该散点图可以看出创新集聚对经济发展质量提升具有正向的驱动作用，这为后续实证分析提供一定的参考。

---

①正如上文指出，为了避免潜在的异方差和序列相关问题，对原始数据进行对数化处理。

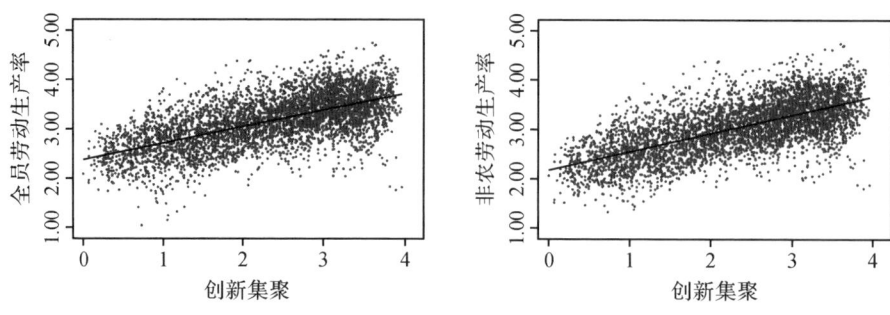

图5-1 城市创新集聚与劳动生产率的散点图

在进行实证检验前，本章对主要变量进行平稳性检验。由表5-3得出，所有变量LLC检验和带有趋势项的LLC检验的P值小于1%，变量是平稳的。

表5-3 主要变量的平稳性检验结果

项目	LLC_no	P值	LLC	P值
LPt	−11.586***	0.00	−13.375***	0.00
LPn	−12.321***	0.00	−12.892***	0.00
DAgg	−2.372***	0.00	−16.392***	0.00
Inv	−4.374***	0.00	−6.382***	0.00
R&D	−7.733***	0.00	−20.079***	0.00
Gov	−7.432***	0.00	−11.45***	0.00
FDI	−15.023***	0.00	−28.809***	0.00
Edu	−12.143***	0.00	−23.244***	0.00
Internet	−18.086***	0.00	−36.292***	0.00

二、城市创新集聚影响经济发展质量的基准回归

为了消除潜在内生性的影响，这里参考肖文和殷宝庆（2011）、刘修

岩等（2017）、戴魁早等（2020）与杨东亮和李春凤（2020）等成熟的处理思路，并考虑到创新影响经济的滞后性，将核心解释变量创新集聚（$DAgg$）滞后二期[①]。根据F检验和Hausman检验结果判断，所有F检验和Hausman检验均显著拒绝随机效应模型，基准模型采用固定效应模型更合适。此外，本章的面板数据属于短面板数据，考虑到可能存在的截面异方差与序列相关问题，适合采用稳健标准误进行估计。为便于比较，表5-4同时列出混合回归模型、随机效应模型和固定效应模型的估计结果。

表5-4　创新集聚对城市经济发展质量的影响

项目	(1)	(2)	(3)	(4)	(5)	(6)
	全员劳动生产率			非农劳动生产率		
	POLS	RE	FE	POLS	RE	FE
$DAgg$	0.297***	0.255***	0.247***	0.286***	0.266***	0.258***
	(0.008)	(0.017)	(0.019)	(0.008)	(0.018)	(0.020)
Inv	6.026***	12.792***	15.972***	8.533***	15.181***	18.717***
	(1.910)	(3.177)	(3.431)	(1.934)	(3.361)	(3.649)
$R\&D$	2.321***	4.633***	5.177***	1.319***	4.014***	4.697***
	(0.125)	(0.409)	(0.472)	(0.126)	(0.424)	(0.485)
Gov	−0.592***	0.845***	1.337***	−0.703***	0.757***	1.283***
	(0.099)	(0.192)	(0.211)	(0.100)	(0.200)	(0.218)
FDI	−0.019*	−0.005	−0.019	−0.020**	−0.002	−0.018
	(0.010)	(0.015)	(0.015)	(0.010)	(0.015)	(0.016)
Edu	−1.293***	0.592***	0.898***	−1.138***	0.632***	0.884***

[①] 本章计算了自1985—2018年的创新集聚（$DAgg$）面板数据，因此，在实证中对其滞后二期并不会改变模型的样本量。

续　表

项目	(1)	(2)	(3)	(4)	(5)	(6)
	全员劳动生产率			非农劳动生产率		
	POLS	RE	FE	POLS	RE	FE
	(0.075)	(0.193)	(0.240)	(0.076)	(0.195)	(0.239)
Internet	0.387***	0.243***	0.221***	0.444***	0.267***	0.235***
	(0.024)	(0.045)	(0.048)	(0.024)	(0.045)	(0.048)
Infr	0.235***	0.170***	0.144***	0.256***	0.180***	0.150***
	(0.013)	(0.023)	(0.024)	(0.013)	(0.025)	(0.025)
常数项	4.262***	−0.290	−1.023**	3.892***	−0.467	−1.099**
	(0.162)	(0.406)	(0.504)	(0.164)	(0.409)	(0.501)
N	4560	4560	4560	4560	4560	4560
组内 R^2	0.499	0.817	0.820	0.529	0.815	0.817
F			327.928			317.037
Hausman		890.07			786.46	
年度	未控制	控制	控制	未控制	控制	控制
地区	未控制	控制	控制	未控制	控制	控制

注：*、**、***分别表示在10%、5%、1%的水平上显著，模型（1）—（6）括号内数值为城市水平聚类标准误。

表5-4模型（3）和模型（6）的结果显示，在控制物质资本（*Inv*）、研发水平（*R&D*）、政府作用（*Gov*）、对外开放水平（*FDI*）、人力资本（*Edu*）、互联网发展（*Internet*）以及基础设施（*Infr*）等影响城市经济发展质量的重要变量以后，无论是以全员劳动生产率还是以非农劳动生产率衡量经济发展质量，创新集聚（*DAgg*）的系数值都在1%的水平下显著为正，系数值分别为0.247和0.258。这说明创新集聚显著地促进了城市经济发展质量提升，

而且对非农劳动生产率的提升作用更大。

表5-4模型（1）和模型（4）是混合最小二乘法（POLS）估计的结果，创新集聚无论对全员劳动生产率还是非农劳动生产率的系数都显著为正，且都高于固定效应和随机效应。究其原因，一方面可能是POLS回归方程中未控制年度和地区效应，另一方面POLS本身可能存在估计结果偏高的谬误。表5-4模型（2）和模型（5）给出了随机效应的估计结果，对全员劳动生产率和非农劳动生产率的作用中，创新集聚都显著为正，且都高于固定效应模型，这可能是未控制固定效应引起的。

从表5-4模型（3）和模型（6）控制变量的参数估计结果可以发现：物质资本（Inv）的估计系数都显著为正，意味着全社会固定资产投资的增加显著地促进了城市经济发展质量的改善。研发水平（$R\&D$）的系数显著为正，说明研发投入显著促进了劳动生产率的改善，也表明当前以科技人才驱动研发投入提升对促进经济的提质增效是有效的。政府作用（Gov）能够促进经济发展质量的提升，其原因可能在于政府财政支出中有相当部分是基础设施建设和科学教育投入等方面的有效投资，抵消甚至超越了资本深化过程中的效率损失及其对私人投资的挤出效应，总体上提升了城市经济发展质量。对外开放水平（FDI）的系数值为负但并不显著，说明外来资本投资并未明显提高本地区经济发展效率。原因可能在于，引进外资后，本土企业优先采用低水平规模扩张战略，忽视了技术引进和消化吸收，形成技术依赖而忽视自主研发，进而不利于提升劳动生产率（赵涛等，2020）。人力资本（Edu）对劳动生产率的影响系数显著为正，表明教育和"干中学"能够提高劳动者的能力和素质，促进了人力资本的积累和知识生产，强化了吸收能力，进而有利于劳动生产率水平提升。互联网发展（$Internet$）的系数值同样显著为正，这说明互联网的发展降低了要素和产品的信息传输成本，使交易信息的远距离即时性传送成为可能，产业与互联网的融合

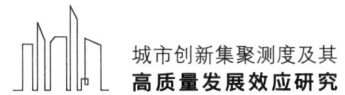
程度提高，有效地提高了城市经济发展质量，这与黄群慧等（2019）和程名望等（2020）的结论一致。基础设施（*Infr*）对经济发展质量的影响显著为正，可能的解释为，基础设施不但降低了生产要素的运输成本和交易费用，促进了劳动分工深化和规模经济形成，还通过商品贸易和技术人员的流动加速了知识溢出和信息传播（于斌斌，2015）。

三、城市创新集聚影响经济发展质量的非线性考察

本章基准模型的线性回归结果显示，无论是采用全员劳动生产率指标还是非农劳动生产率指标，创新集聚都对城市经济发展质量起到了显著的提升作用。考虑到已有文献的相关结论，人口、劳动力、产业等经济变量的集聚效应依赖于其集聚程度，也就是可能存在非线性的关系（刘修岩等，2017）。那么不得不考虑的问题就是，创新集聚对城市经济发展质量的影响是否也可能存在非线性关系？换言之，创新集聚是否自始至终都能对城市经济发展质量产生正向的积极影响？这种正向促进作用是否在创新集聚达到一定水平后才逐渐显现，或是创新集聚会对经济发展质量提升产生负面影响？基于此，本章通过在基准回归模型中加入创新集聚的二次项对此进行实证检验（如表5-5）。

表5-5　创新集聚对城市经济发展质量的非线性考察

项目	(1)	(2)	(3)	(4)	(5)	(6)
	全员劳动生产率			非农劳动生产率		
	当期	滞后一期	滞后二期	当期	滞后一期	滞后二期
$DAgg$	0.133***	0.181***	0.225***	0.157***	0.205***	0.248***
	(0.041)	(0.039)	(0.039)	(0.042)	(0.041)	(0.041)
$DAgg^2$	0.035***	0.021**	0.006	0.033***	0.018**	0.003

续　表

项目	(1)	(2)	(3)	(4)	(5)	(6)
	全员劳动生产率			非农劳动生产率		
	当期	滞后一期	滞后二期	当期	滞后一期	滞后二期
	(0.009)	(0.009)	(0.009)	(0.009)	(0.009)	(0.009)
Inv	12.921***	14.654***	16.135***	15.271***	17.187***	18.792***
	(3.305)	(3.336)	(3.405)	(3.532)	(3.562)	(3.632)
R&D	5.255***	5.281***	5.198***	4.779***	4.799***	4.707***
	(0.470)	(0.471)	(0.469)	(0.480)	(0.483)	(0.481)
Gov	1.193***	1.273***	1.369***	1.100***	1.192***	1.297***
	(0.205)	(0.209)	(0.214)	(0.211)	(0.216)	(0.221)
FDI	−0.020	−0.020	−0.018	−0.019	−0.019	−0.017
	(0.015)	(0.015)	(0.016)	(0.016)	(0.016)	(0.016)
Edu	0.890***	0.866***	0.894***	0.873***	0.851***	0.883***
	(0.231)	(0.235)	(0.240)	(0.230)	(0.233)	(0.239)
Internet	0.223***	0.213***	0.216***	0.239***	0.229***	0.233***
	(0.046)	(0.047)	(0.048)	(0.047)	(0.047)	(0.048)
Infr	0.135***	0.139***	0.145***	0.139***	0.144***	0.151***
	(0.024)	(0.024)	(0.024)	(0.025)	(0.025)	(0.025)
常数项	−0.964**	−0.935*	−1.007**	−1.043**	−1.015**	−1.092**
	(0.487)	(0.493)	(0.504)	(0.486)	(0.492)	(0.502)
N	4560	4560	4560	4560	4560	4560
组内 R^2	0.829	0.826	0.820	0.827	0.824	0.818
F	313.738	311.722	304.879	308.378	303.305	295.062
Hausman	858.08	904.07	915.20	771.06	98.98	93.48

续　表

项目	(1)	(2)	(3)	(4)	(5)	(6)
	全员劳动生产率			非农劳动生产率		
	当期	滞后一期	滞后二期	当期	滞后一期	滞后二期
年度	控制	控制	控制	控制	控制	控制
地区	控制	控制	控制	控制	控制	控制

　　注：*、**、***分别表示在10%、5%、1%的水平上显著，模型（1）—（6）括号内数值为城市水平聚类标准误，模型的滞后期表示创新集聚（$DAgg$）的滞后阶数。

　　表5-5的回归结果显示，同样在控制物质资本（Inv）等因素后，无论是采用全员劳动生产率还是非农劳动生产率，且在不同的滞后阶数下，创新集聚（$DAgg$）一次项的系数始终为正，进一步说明创新集聚显著地促进了城市经济发展质量提升。同时，创新集聚（$DAgg$）二次项系数为正但是数值较小，并且随着滞后阶数的提高，二次项的显著性水平下降，说明创新集聚对劳动生产率非线性的作用相对较小。同时，考虑到创新集聚对经济发展质量的作用发挥往往是滞后的，这进一步说明在模型设置中可以不考虑二次模型。

　　进一步地，本章绘制了滞后两期的城市创新集聚与经济发展质量的线性关系与二次项曲线关系的比较图（如图5-2）。显然，样本考察期内，即便考虑到城市创新集聚与城市经济发展质量存在着非线性关系，两者的关系无论是采用全员劳动生产率还是非农劳动生产率表达，线性拟合直线与非线性拟合曲线的趋势都非常接近，且创新集聚对城市经济发展质量的影响始终为正。考虑到样本范围内的城市创新集聚与经济发展质量之间的关系，带有自变量二次项的非线性模型与线性模型中所得到的结论是一致的，且曲线几乎重叠。为简化模型，在本章后续对城市创新集聚对经济发展质量作用的分析中不考虑二次项。

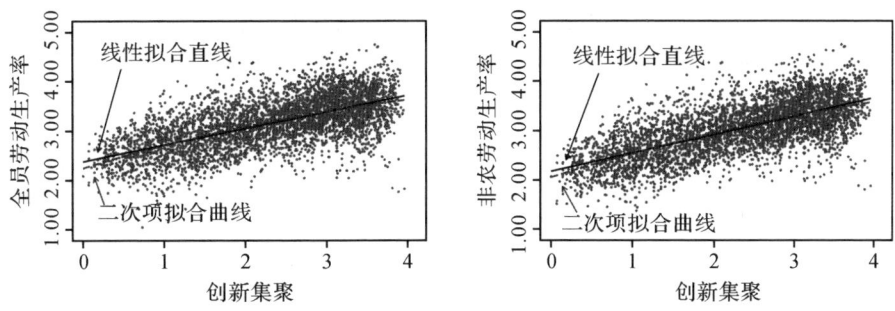

图5-2　创新集聚对城市经济发展质量的非线性考察

四、内生性的讨论

为了进一步缓解内生性问题，本章通过面板工具变量法克服由内生性问题可能导致的估计偏误。合适的工具变量需要同时满足与创新集聚具有高度相关性，且对劳动生产率具有外生性，即该外生变量仅能通过创新集聚影响经济发展质量。根据已有研究普遍采用的思路，工具变量选取既定创新集聚的滞后一期值和二期值。

采用工具变量进行估计前，有必要对工具变量的有效性进行检验。本章采用了多种统计检验，首先，Kleibergen-Paap rk LM 统计结果在1%的水平上拒绝了工具变量识别不足（Underidentification Test）的原假设；其次，Kleibergen-Paap Wald rk F 统计量为远大于 Stock-Yogo 检验10%水平上的临界值19.93，因此拒绝了弱工具变量（Weak Identification Test）的原假设；最后，Sargan-Hansen 检验结果显示不能拒绝"所有工具变量都外生"的原假设，通过了过度识别检验（Overidentification Test），说明工具变量是外生的。上述检验结果说明本章选取的工具变量是合理的。表5-6具体报告了内生性检验的结果。

表5-6　创新集聚影响城市经济发展质量的内生性检验

项目	(1)	(2)	(3)	(4)	(5)	(6)
	全员劳动生产率			非农劳动生产率		
	当期	滞后一期	滞后二期	当期	滞后一期	滞后二期
$DAgg$	0.288***	0.268***	0.233***	0.302***	0.280***	0.243***
	(0.010)	(0.009)	(0.009)	(0.010)	(0.010)	(0.010)
Inv	11.684***	14.004***	16.597***	14.154***	16.672***	19.395***
	(1.600)	(1.595)	(1.624)	(1.693)	(1.690)	(1.720)
$R\&D$	5.149***	5.210***	5.107***	4.675***	4.731***	4.622***
	(0.186)	(0.188)	(0.190)	(0.190)	(0.192)	(0.195)
Gov	0.977***	1.153***	1.391***	0.899***	1.091***	1.341***
	(0.111)	(0.112)	(0.114)	(0.115)	(0.117)	(0.120)
FDI	−0.025***	−0.023***	−0.020**	−0.023***	−0.021**	−0.019**
	(0.008)	(0.008)	(0.008)	(0.009)	(0.009)	(0.009)
Edu	0.881***	0.872***	0.909***	0.866***	0.857***	0.896***
	(0.115)	(0.116)	(0.118)	(0.118)	(0.119)	(0.121)
$Internet$	0.244***	0.228***	0.224***	0.259***	0.243***	0.238***
	(0.026)	(0.026)	(0.026)	(0.027)	(0.027)	(0.027)
$Infr$	0.131***	0.137***	0.148***	0.136***	0.142***	0.155***
	(0.012)	(0.012)	(0.012)	(0.012)	(0.013)	(0.013)
N	4558	4558	4558	4558	4558	4558
中心化R^2	634.192	634.192	634.192	685.691	685.691	685.691
F	1666.305	1661.217	1631.652	1636.039	1619.101	1586.436
LM	1241.226	1204.263	1167.573	1241.226	1204.263	1167.573
Wald F	1.1e+04	1.2e+04	1.4e+04	1.1e+04	1.2e+04	1.4e+04

续　表

项目	(1)	(2)	(3)	(4)	(5)	(6)
	全员劳动生产率			非农劳动生产率		
	当期	滞后一期	滞后二期	当期	滞后一期	滞后二期
Sargan–Hansen	367.736	374.311	365.228	353.501	356.216	345.820
年度	控制	控制	控制	控制	控制	控制
地区	控制	控制	控制	控制	控制	控制

注：*、**、***分别表示在10%、5%、1%的水平上显著，模型的滞后期表示创新集聚（$DAgg$）的滞后阶数，模型（1）—（6）括号内数值为城市水平聚类标准误。

从表5-6可知，工具变量估计得到的滞后二期创新集聚（$DAgg$）对全员劳动生产率和非农劳动生产率的影响系数都在1%的水平上显著为正，并没有改变固定效应模型的影响方向和显著性。进一步地，采用工具变量控制内生性后，创新集聚对全员劳动生产率的影响系数从0.247下降到0.233，对非农劳动生产率的影响系数从0.258下降到0.243，分别下降了5.67%和5.81%，这说明固定效应和工具变量的估计结果在系数的数值上非常接近。综上所述，本章采用滞后两期的固定效应模型已有效地处理了内生性问题，验证了前文结论，采用工具变量方法得到的估计结果在影响方向、显著性和系数大小等方面都不会对本章结论产生影响。为简化估计模型及异质性分析结果的比较，本章后续关于创新集聚对城市经济发展质量的分析仍基于固定效应模型开展。

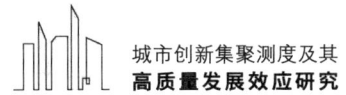

| 第三节 | 稳健性检验 |

为进一步验证研究结论的可靠性，在对核心解释变量滞后两期、依据相关文献控制其他影响因素的基础上，还进一步从以下几个方面开展稳健性讨论：一是采取替换被解释变量的方式，采用细分产业劳动生产率、人均生产总值等重新测度经济发展质量；二是增加控制变量，逐步加入城市化水平和产业高级化指数；三是考虑到创新集聚对经济发展质量的影响可能存在较长的滞后效应，采用滞后 1—4 期的核心解释变量进行稳健性检验。

一、经济发展质量的重新测度

该部分将重新测度经济发展质量，具体而言：分别采用人均生产总值（PGDP）、C-D 生产函数估计的全要素生产率（TFP）、工资水平（Wage）等重新测度经济发展质量，并加入农业劳动生产率（LP1）、工业劳动生产率（LP2）和服务业劳动生产率（LP3）等三大产业的劳动生产率进行稳健性检验（如表5-7）。

稳健性检验的结果表明，创新集聚（$DAgg$）的系数在不同指标测度经济发展质量的情况下都显著为正，其影响的方向、显著性与基准模型的结果一致。特别地，以三类产业的劳动生产率作为被解释变量的估计结果中显示，创新集聚($DAgg$)的系数在影响方向、显著性乃至数值方面都与基准模型非常接近，而且其余的控制变量系数也与基准模型很接近。因而，经济发展质量采用全员劳动生产率和非农劳动生产率进行测度，其结论具有较好的稳健性。

表5-7　重新测度经济发展质量的稳健性检验

项目	(1)	(2)	(3)	(4)	(5)	(6)
	PGDP	TFP	Wage	LP1	LP2	LP3
DAgg	0.116***	0.010***	0.004***	0.457***	0.236***	0.291***
	(0.012)	(0.003)	(0.000)	(0.068)	(0.026)	(0.021)
Inv	2.219	−7.321***	0.265***	20.830**	28.311***	5.720*
	(2.327)	(0.605)	(0.060)	(8.947)	(4.531)	(3.276)
R&D	−0.811***	0.785***	−0.020***	1.428	8.712***	1.507**
	(0.238)	(0.070)	(0.007)	(1.430)	(0.542)	(0.636)
Gov	−0.121	−0.012	0.030***	2.136***	1.341***	1.394***
	(0.137)	(0.034)	(0.005)	(0.576)	(0.257)	(0.248)
FDI	−0.058***	−0.004	−0.002***	−0.144**	−0.001	−0.048**
	(0.010)	(0.002)	(0.000)	(0.065)	(0.019)	(0.019)
Edu	1.285***	−0.001	0.023***	1.289*	0.786***	1.005***
	(0.166)	(0.039)	(0.005)	(0.696)	(0.295)	(0.243)
Internet	0.472***	0.015**	0.015***	0.618***	0.161***	0.334***
	(0.029)	(0.007)	(0.001)	(0.187)	(0.053)	(0.060)
Infr	0.106***	0.002	0.003***	0.099	0.188***	0.095***
	(0.016)	(0.004)	(0.001)	(0.067)	(0.028)	(0.027)
常数项	−2.401***	0.203**	−0.053***	0.200	−1.339**	−0.980*

续　表

项目	(1)	(2)	(3)	(4)	(5)	(6)
	PGDP	TFP	Wage	LP1	LP2	LP3
	(0.356)	(0.082)	(0.010)	(1.473)	(0.615)	(0.521)
N	4560	4560	4560	4560	4560	4560
组内 R^2	0.880	0.334	0.878	0.634	0.730	0.813
F	442.892	56.915	776.188	150.724	214.162	273.941
Hausman	465.94	635.22	180.86	173	245.45	466.42
年度	控制	控制	控制	控制	控制	控制
地区	控制	控制	控制	控制	控制	控制

注：*、**、***分别表示在10%、5%、1%的水平上显著，模型（1）—（6）括号内数值为城市水平聚类标准误。

二、增加新的控制变量

在基准回归中，已经根据相关研究控制了重要的影响因素。在稳健性检验中，逐步加入城市化水平（Urb）和产业高级化（Ind）做进一步的分析（如表5-8）。估计结果显示，各个解释变量系数的影响方向、显著性与前文的相关估计结果大多很接近。这说明，一方面，尽管基准模型没有控制城市化水平（Urb）和产业高级化（Ind）这两个变量，但是就本章所关心的核心问题，基准模型更加简洁；另一方面，即便加入了城市化水平（Urb）和产业高级化（Ind）这两个新的控制变量，也并没有改变创新集聚（DAgg）系数的影响方向和显著性，其数值也与基准模型非常接近，进一步验证了基准模型估计结果具有较好的稳健性。

表5-8 增加控制变量的稳健性检验

项目	(1)	(2)	(3)	(4)	(5)	(6)
	全员劳动生产率			非农劳动生产率		
	Urb	Ind	Urb + Ind	Urb	Ind	Urb + Ind
Urb	1.111***		1.005***	1.191***		1.035***
	(0.245)		(0.232)	(0.249)		(0.226)
Ind		1.667***	1.602***		2.411***	2.345***
		(0.211)	(0.201)		(0.219)	(0.210)
DAgg	0.240***	0.214***	0.209***	0.250***	0.210***	0.205***
	(0.019)	(0.019)	(0.018)	(0.020)	(0.019)	(0.018)
Inv	16.102***	8.029**	8.454***	18.856***	7.228**	7.667**
	(3.268)	(3.280)	(3.124)	(3.486)	(3.333)	(3.175)
R&D	5.412***	5.919***	6.103***	4.949***	5.770***	5.960***
	(0.466)	(0.460)	(0.455)	(0.478)	(0.455)	(0.449)
Gov	1.285***	1.314***	1.267***	1.227***	1.249***	1.201***
	(0.205)	(0.209)	(0.204)	(0.212)	(0.219)	(0.214)
FDI	−0.012	−0.016	−0.010	−0.010	−0.013	−0.006
	(0.015)	(0.015)	(0.015)	(0.016)	(0.015)	(0.015)
Edu	0.782***	0.905***	0.800***	0.761***	0.894***	0.786***
	(0.234)	(0.262)	(0.255)	(0.233)	(0.268)	(0.260)
Internet	0.176***	0.195***	0.157***	0.188***	0.199***	0.159***
	(0.049)	(0.046)	(0.048)	(0.050)	(0.046)	(0.048)
Infr	0.194***	0.127***	0.173***	0.203***	0.126***	0.173***
	(0.027)	(0.024)	(0.026)	(0.028)	(0.024)	(0.025)
常数项	−1.187**	−8.396***	−8.259***	−1.275***	−11.763***	−11.622***

续　表

项目	(1)	(2)	(3)	(4)	(5)	(6)
	全员劳动生产率			非农劳动生产率		
	Urb	*Ind*	*Urb* + *Ind*	*Urb*	*Ind*	*Urb* + *Ind*
	(0.490)	(1.147)	(1.070)	(0.490)	(1.218)	(1.140)
N	4560	4560	4560	4560	4560	4560
组内 R^2	0.828	0.837	0.844	0.826	0.851	0.857
F	321.273	321.105	317.949	310.369	350.959	345.510
Hausman	1242.9	−68242.25	139.96	985.63	−5827.37	163.1
年度	控制	控制	控制	控制	控制	控制
地区	控制	控制	控制	控制	控制	控制

注：*、**、***分别表示在10%、5%、1%的水平上显著，模型（1）—（6）括号内数值为城市水平聚类标准误。模型（2）和模型（5）的Hausman检验为负值，一般取固定效应模型，本章还采用自助法Hausman检验，检验结果为拒绝采用随机效应模型，因此本章还是报告固定效应模型估计结果，下同。

三、观测样本的重新选择

考虑到4个直辖市政治地位的特殊性，本章在回归中剔除北京、上海、天津和重庆的样本后，主要研究结论依然成立。此外，为解决离群值对估计结果的干扰，在基准模型中已经对变量做了1%的双边缩尾。为了进一步验证前文结论的稳健性，本章还对5%双边缩尾以及不缩尾的样本做了回归分析（如表5-9）。结果显示，本章的主要研究结论依然成立。这进一步验证了基准模型估计结果具有较好的稳健性。

表5-9 重新选择观测样本的稳健性检验

项目	(1)	(2)	(3)	(4)	(5)	(6)
	全员劳动生产率			非农劳动生产率		
	删除直辖市	5%缩尾	不缩尾	删除直辖市	5%缩尾	不缩尾
DAgg	0.246***	0.211***	0.268***	0.258***	0.223***	0.279***
	(0.019)	(0.018)	(0.022)	(0.020)	(0.019)	(0.022)
Inv	15.648***	19.608***	13.303***	18.392***	22.300***	16.286***
	(3.431)	(3.488)	(3.783)	(3.649)	(3.784)	(3.785)
R&D	5.086***	4.519***	5.485***	4.593***	4.213***	4.928***
	(0.483)	(0.428)	(0.560)	(0.497)	(0.440)	(0.548)
Gov	1.344***	1.494***	1.094***	1.287***	1.547***	1.054***
	(0.211)	(0.237)	(0.229)	(0.218)	(0.242)	(0.227)
FDI	−0.017	−0.029*	−0.011	−0.016	−0.024	−0.012
	(0.016)	(0.016)	(0.016)	(0.016)	(0.016)	(0.016)
Edu	0.898***	0.697***	0.929***	0.890***	0.698***	0.905***
	(0.242)	(0.230)	(0.241)	(0.241)	(0.227)	(0.241)
Internet	0.217***	0.329***	0.212***	0.230***	0.337***	0.224***
	(0.048)	(0.046)	(0.046)	(0.049)	(0.046)	(0.047)
Infr	0.145***	0.144***	0.139***	0.152***	0.151***	0.144***
	(0.024)	(0.025)	(0.023)	(0.025)	(0.026)	(0.024)
常数项	−0.999**	−0.480	−1.132**	−1.087**	−0.637	−1.167**
	(0.507)	(0.487)	(0.506)	(0.504)	(0.483)	(0.502)
N	4496	4560	4560	4496	4560	4560
组内 R^2	0.821	0.817	0.814	0.819	0.820	0.813
F	324.017	314.729	286.764	313.440	322.196	300.191

项目	(1)	(2)	(3)	(4)	(5)	(6)
	全员劳动生产率			非农劳动生产率		
	删除直辖市	5%缩尾	不缩尾	删除直辖市	5%缩尾	不缩尾
Hausman	726.51	780.99	700.24	653.15	825.69	669.50
年度	控制	控制	控制	控制	控制	控制
地区	控制	控制	控制	控制	控制	控制

注：*、**、***分别表示在10%、5%、1%的水平上显著，模型（1）—（6）括号内数值为城市水平聚类标准误。

综上可知，无论是更换经济发展质量的测度指标，还是增加可能遗漏的重要控制变量，抑或是重新处理观测样本，最后的结果都显示核心解释变量乃至其他控制变量对全员劳动生产率和非农劳动生产率的影响都具有较好的稳健性，说明前文关于城市创新集聚能有效提升经济发展质量的结论是可靠的。

第四节	异质性分析

近年来，各地都在加快创新型城市建设，然而"千城一面"的城市创新设想并不必然地符合不同城市的比较优势。也就是说，即便采用相同的创新战略，各地的创新成效也可能千差万别，会形成鲜明的对比。因此，本节根据城市之间的资源禀赋、发展阶段、城市规模和等级的差异，进一步考察城市的不同特征是否会影响创新集聚对经济发展质量作用的发挥。

一、城市创新集聚影响经济发展质量的东中西差异

为了探究创新集聚对东中西三大地区的城市经济发展质量的影响是否会因为区位不同而存在差异，将东中西地区的样本数据分别进行回归。具体的回归结果如表5-10所示。

表5-10 东中西分区域回归结果

项目	(1)	(2)	(3)	(4)	(5)	(6)
	全员劳动生产率			非农劳动生产率		
	东部城市	中部城市	西部城市	东部城市	中部城市	西部城市
DAgg	0.319***	0.148***	0.260***	0.337***	0.151***	0.277***
	(0.035)	(0.033)	(0.025)	(0.036)	(0.034)	(0.026)
Inv	25.300***	18.634***	12.860***	28.284***	23.204***	14.934***

续　表

项目	(1)	(2)	(3)	(4)	(5)	(6)
	全员劳动生产率			非农劳动生产率		
	东部城市	中部城市	西部城市	东部城市	中部城市	西部城市
	(6.570)	(6.270)	(4.388)	(6.721)	(6.866)	(4.605)
R&D	6.670***	5.066***	3.887***	6.511***	4.466***	3.322***
	(0.851)	(0.704)	(0.640)	(0.843)	(0.758)	(0.680)
Gov	2.590***	1.704***	0.456*	2.545***	1.724***	0.316
	(0.354)	(0.403)	(0.254)	(0.368)	(0.404)	(0.260)
FDI	−0.078***	0.038	−0.034	−0.086***	0.058**	−0.035
	(0.021)	(0.026)	(0.021)	(0.021)	(0.026)	(0.023)
Edu	0.257	1.028***	1.488***	0.255	0.920**	1.523***
	(0.450)	(0.350)	(0.344)	(0.440)	(0.354)	(0.352)
Internet	0.084	0.350***	0.173**	0.093	0.346***	0.193**
	(0.066)	(0.099)	(0.084)	(0.068)	(0.096)	(0.086)
Infr	0.097**	0.106***	0.254***	0.096**	0.114***	0.261***
	(0.039)	(0.033)	(0.036)	(0.040)	(0.035)	(0.039)
常数项	0.343	−1.276*	−2.299***	0.221	−1.146	−2.470***
	(0.933)	(0.768)	(0.696)	(0.913)	(0.776)	(0.715)
N	1616	1600	1344	1616	1600	1344
组内 R^2	0.798	0.843	0.860	0.801	0.839	0.857
F	163.406	134.222	182.201	159.289	133.216	169.716
Hausman	360.88	619.07	−109.47	543.02	345.99	−408.4
年度	控制	控制	控制	控制	控制	控制
地区	控制	控制	控制	控制	控制	控制

注：*、**、***分别表示在10%、5%、1%的水平上显著，模型（1）—（6）括号内数值为城市水平聚类标准误。

观察表5-10的模型（1）、模型（4）可以发现，创新集聚对东部地区城市的全员劳动生产率和非农劳动生产率影响都在1%的显著性水平上通过检验，数值分别为0.319和0.337，表明创新集聚对东部城市的经济发展质量提升作用是明显的，而且对非农劳动生产率的影响更大。观察模型（2）、模型（5）也可以发现，创新集聚对中部城市的全员劳动生产率和非农劳动生产率影响都非常显著，数值分别为0.148和0.151。观察模型（3）、模型（6）同样可以发现，创新集聚对西部城市的全员劳动生产率和非农劳动生产率影响都非常显著，数值分别为0.260和0.277。这说明，创新集聚对不同区域的城市经济发展质量都具有很明显的促进作用，也进一步说明了本章基准模型结论的稳健性。

比较东中西三大地区的回归系数可以发现，无论采用全员劳动生产率还是非农劳动生产率测度城市经济发展质量，创新集聚影响经济发展质量的效果都在东部地区城市最强，西部地区次之，中部地区最弱，即呈现中部洼地格局。可能的原因包括：其一，东部地区城市相对中西部地区的城市，其创新发展较早，区域更加集中，技术密度更高，较多产业领域已经实现了依靠创新提升经济发展质量，新旧动能顺利转换，最终表现为创新集聚驱动经济发展质量提升的效果比较明显；其二，之所以出现中部洼地的格局，主要是吉林和黑龙江等地部分城市的创新与经济之间产生了脱钩现象，一方面，作为传统制造业重镇，这些地区在机械、化工等技术领域积累了丰富的技术，另一方面，部分城市出现青壮年劳动力流失，导致经济发展质量下滑，也就是这些城市未能将科技创新与实体经济深度融合，不能有效地将创新转化为经济发展的新动能。

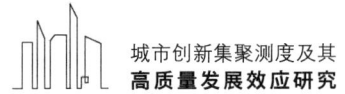
二、城市创新集聚影响经济发展质量的城市规模差异

为考察城市规模的影响，依据2014年国务院发布的《国务院关于调整城市规模划分标准的通知》，以市辖区年末常住人口数作为分类标准将城市规模分为三类：特大城市为300万人及以上的城市，大城市为100万—300万人的城市，其余为中小城市。回归结果见表5-11。

从表5-11的报告结果可知，在特大城市、大城市及中小城市，创新集聚对全员劳动生产率影响都在1%的显著性水平上通过了检验，系数都为正，分别为0.300、0.263和0.225；对非农劳动生产率影响也都在1%的显著性水平上通过了检验，系数都为正，分别为0.299、0.273和0.238。这表明创新集聚对规模不同的城市的经济发展质量都有积极的提升作用，也进一步说明本章基准模型结论的稳健性。

表5-11　城市规模差异的回归结果

项目	(1)	(2)	(3)	(4)	(5)	(6)
	全员劳动生产率			非农劳动生产率		
	特大城市	大城市	中小城市	特大城市	大城市	中小城市
DAgg	0.300***	0.263***	0.225***	0.299***	0.273***	0.238***
	(0.076)	(0.035)	(0.025)	(0.074)	(0.039)	(0.026)
Inv	35.038	19.703**	12.498***	35.777	24.034***	14.638***
	(22.304)	(8.057)	(3.734)	(22.370)	(8.522)	(4.057)
R&D	8.729***	6.173***	4.426***	8.621***	5.717***	3.950***
	(1.027)	(0.884)	(0.527)	(0.969)	(0.922)	(0.541)
Gov	3.204***	1.118***	1.328***	3.324***	1.218***	1.192***

续 表

项目	（1）	（2）	（3）	（4）	（5）	（6）
	全员劳动生产率			非农劳动生产率		
	特大城市	大城市	中小城市	特大城市	大城市	中小城市
	(1.134)	(0.362)	(0.261)	(1.158)	(0.404)	(0.269)
FDI	−0.137***	−0.005	−0.014	−0.134***	0.000	−0.014
	(0.038)	(0.024)	(0.019)	(0.036)	(0.024)	(0.020)
Edu	2.292***	1.076***	0.871***	2.399***	0.963**	0.936***
	(0.665)	(0.385)	(0.302)	(0.669)	(0.385)	(0.295)
Internet	−0.128	0.332***	0.188**	−0.113	0.348***	0.185**
	(0.090)	(0.068)	(0.074)	(0.089)	(0.071)	(0.073)
Infr	0.236**	0.168***	0.187***	0.222**	0.177***	0.196***
	(0.100)	(0.051)	(0.029)	(0.095)	(0.055)	(0.032)
常数项	−5.193***	−1.657**	−0.874	−5.477***	−1.563**	−1.105*
	(1.575)	(0.755)	(0.636)	(1.580)	(0.765)	(0.619)
N	343	1735	2487	343	1735	2487
组内 R^2	0.783	0.792	0.842	0.788	0.793	0.836
F	71.946	113.446	213.064	81.575	119.895	200.526
Hausman	316.80	156.38	−90.71	372.06	88.3	−411.34
年度	控制	控制	控制	控制	控制	控制
地区	控制	控制	控制	控制	控制	控制

注：*、**、***分别表示在10%、5%、1%的水平上显著，模型（1）—（6）括号内数值为城市水平聚类标准误。

进一步观察创新集聚的系数可以发现，不同城市规模的创新集聚系数大小存在明显的差异，呈现"特大城市>大城市>中小城市"的递减规律，也就是说，城市规模越大，创新集聚对经济发展质量提升的作用越强。从我国城市发展的实际情况看，人口规模大的城市，比如北京、上海等城市，同时聚集各类高技能人才、高新技术企业等高端创新要素和创新主体，形成了高技能人才池，方便人才的匹配和流动，有利于各类知识的溢出与传播；还集聚了令科技金融、科技服务等创新成果转移转化到实体经济的其他机构和主体，有利于公共设施乃至实验设备和仪器的共享。事实上，大城市尤其是发达国家的特大城市都呈现了类似的特征，比如20世纪90年代的美国，75%的人口、92%的专利和几乎全部创投机构都集中在纽约等主要城市（Chatterji等，2014）。总之，大城市的创新综合环境更有助于发挥创新集聚提升经济发展质量的作用。

三、城市创新集聚影响经济发展质量的城市等级差异

考虑到我国城市的行政划分可能影响创新集聚提升经济发展质量的作用效果，参考已有文献（陈长石等，2019）的分类标准，将直辖市、副省级城市和省会城市划分为中心城市，其他城市划分为非中心城市，进行分类回归检验（见表5-12）。

表5-12　城市等级差异的回归结果

项目	(1)	(2)	(3)	(4)
	全员劳动生产率		非农劳动生产率	
	中心城市	非中心城市	中心城市	非中心城市
DAgg	0.228**	0.246***	0.219**	0.259***
	(0.098)	(0.021)	(0.098)	(0.022)
Inv	16.897	15.554***	17.663	18.399***
	(11.722)	(3.544)	(11.667)	(3.773)

续　表

项目	（1）	（2）	（3）	（4）
	全员劳动生产率		非农劳动生产率	
	中心城市	非中心城市	中心城市	非中心城市
R&D	7.720***	4.996***	7.626***	4.467***
	(1.079)	(0.511)	(1.032)	(0.527)
Gov	2.716***	1.307***	2.730***	1.250***
	(0.837)	(0.213)	(0.848)	(0.221)
FDI	−0.016	−0.018	−0.020	−0.015
	(0.035)	(0.017)	(0.031)	(0.018)
Edu	1.784***	0.706**	1.906***	0.697**
	(0.517)	(0.285)	(0.503)	(0.283)
Internet	0.076	0.245***	0.092	0.252***
	(0.088)	(0.057)	(0.088)	(0.058)
Infr	0.218***	0.138***	0.211***	0.145***
	(0.075)	(0.025)	(0.073)	(0.026)
常数项	−3.996***	−0.516	−4.286***	−0.603
	(1.123)	(0.587)	(1.106)	(0.584)
N	560	4000	560	4000
组内 R^2	0.820	0.823	0.826	0.820
F	55.823	304.028	53.158	290.817
Hausman	32.82	357.83	62.56	408.95
年度	控制	控制	控制	控制
地区	控制	控制	控制	控制

注：*、**、***分别表示在10%、5%、1%的水平上显著，模型（1）—（4）括号内数值为城市水平聚类标准误。

从表5-12可知，非中心城市与中心城市的创新集聚对全员劳动生产率和非农劳动生产率的影响都显著为正，表明创新集聚对不同等级的城市经济发展质量都存在积极的促进作用。但是，无论采用全员劳动生产率或非农劳动生产率为被解释变量，非中心城市的创新集聚提升经济发展质量的作用效果都高于中心城市。原因可能是，中心城市尤其是省会城市担负的非经济功能比重较高，承担基本公共服务供给的压力更大（Au和Henderson，2006），加大公共服务投入可能会挤占创新资源（Black和Henderson，1999）。比如江苏、福建、广东、山东等省的省会城市的经济总量并不占优势，在经济层面具有"大省份小省会"特点，但是创新和人口的集聚度都是占优势的，这就影响了创新集聚对经济发展质量的作用。此外，中心城市对其他非中心城市具有创新溢出的功能，形成科创领域的"规模借用"效应（刘修岩和陈子扬，2017；Barzottoa等，2019），比如早期的"星期日工程师"、近年来的"科创飞地""科技扶贫"等都有强烈的地理空间溢出和技术空间关联效应，这也可能一定程度上影响实证检验的结果。

四、城市创新集聚影响经济发展质量的时期差异

金融危机前后和党的十八大前后创新集聚对经济发展质量的影响程度可能不同。为了验证这种可能的时期差异，借鉴戴魁早等（2020）的思路，引入两个时间虚拟变量$T1$和$T2$。$T1$是为了考察金融危机前后是否存在差异，金融危机前（2003—2008年）取0，金融危机后（2009—2013年）取1。$T2$是为了考察党的十八大前后是否存在差异，党的十八大前（2003—2012年）取0，十八大后（2013—2018年）取1。

表5-13模型（1）和模型（3）引入了乘积项$DAgg \times T1$，结果显示$DAgg \times T1$的估计系数都在1%的水平下显著为负，值分别为-0.030和-

0.035。这说明金融危机前后创新集聚的影响存在明显差异，即金融危机以后创新集聚对城市经济发展质量的促进作用明显减弱了。其原因可能在于，金融危机不仅直接对金融系统和资本市场产生一定的负面影响，还间接被传递到实体经济，部分企业因此可能暂停或推后持续创新、技术改造和技术购买等产业所需的创新活动，从而影响创新集聚对经济发展质量提升的作用，这与Spatareanu等（2019）对英国的研究结论一致。同时，金融危机间接影响了创新部门的研发投入和强度，市场规模的缩小和现金流的短缺影响微观经济主体的经济决策，从而对城市创新集聚的经济发展质量提升产生负面影响。

表5-13 时期差异的回归结果

项目	（1）	（2）	（3）	（4）
	全员劳动生产率		非农劳动生产率	
	金融危机	党的十八大	金融危机	党的十八大
$DAgg$	0.250***	0.220***	0.261***	0.230***
	(0.019)	(0.019)	(0.020)	(0.020)
$DAgg \times T1$	−0.030***		−0.035***	
	(0.003)		(0.004)	
$DAgg \times T2$		0.064***		0.067***
		(0.006)		(0.006)
Inv	15.412***	14.291***	18.080***	16.950***
	(3.417)	(3.354)	(3.633)	(3.578)
$R\&D$	5.118***	5.246***	4.630***	4.770***
	(0.477)	(0.475)	(0.490)	(0.487)
Gov	1.271***	1.192***	1.207***	1.130***

项目	(1)	(2)	(3)	(4)
	全员劳动生产率		非农劳动生产率	
	金融危机	党的十八大	金融危机	党的十八大
	(0.209)	(0.206)	(0.216)	(0.213)
FDI	−0.017	−0.005	−0.015	−0.003
	(0.015)	(0.015)	(0.016)	(0.016)
Edu	0.943***	0.868***	0.936***	0.853***
	(0.242)	(0.230)	(0.241)	(0.229)
$Internet$	0.217***	0.144***	0.231***	0.155***
	(0.048)	(0.048)	(0.048)	(0.048)
$Infr$	0.144***	0.139***	0.150***	0.144***
	(0.024)	(0.024)	(0.025)	(0.025)
常数项	−1.108**	−0.875*	−1.196**	−0.944**
	(0.507)	(0.480)	(0.505)	(0.476)
N	4560	4560	4560	4560
组内 R^2	0.822	0.828	0.820	0.825
F	336.343	371.025	315.923	354.483
Hausman	872.43	838.90	766.36	768.56
年度	控制	控制	控制	控制
地区	控制	控制	控制	控制

注：*、**、***分别表示在10%、5%、1%的水平上显著，模型（1）—（4）括号内数值为城市水平聚类标准误。

表5-13模型（2）和模型（4）报告了引入十八大虚拟变量与创新集聚乘积项的结果，可以看出 $DAgg \times T2$ 的估计系数都显著为正（值分别为

0.064和0.067）。这说明党的十八大以后创新集聚对城市经济发展质量的促进作用增强了。对此可能的解释是：党的十八大提出实施创新驱动发展战略以来，各地政府通过创新人才政策、鼓励科技金融创新、实施"大众创业，万众创新"计划、实施重点实验体系建设等方式大力推进科技研发、数字经济等部门的发展，极大地提升了城市经济发展质量。由此可见，党的十八大以后的一系列经济发展政策有效加强了创新集聚对经济发展质量的促进作用。

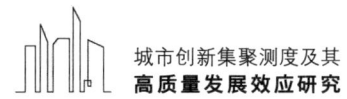

第五节　**分位数估计**

前面实证检验了城市创新集聚与经济发展质量之间的关系，进行了内生性分析和稳健性检验，并进一步开展了多重异质性分析。但是，上述实证检验存在一个不足，即前文研究的是创新集聚对经济发展质量的条件期望的影响，实际上是条件均值回归，未能反映在不同经济发展质量区间内创新集聚提升经济发展质量的异质性，无法全面描述城市创新集聚与经济发展质量之间的关系。考虑到我国地域广袤，资源禀赋迥异，城市之间的创新集聚程度和经济发展质量差异都较大，仅采用传统条件均值回归开展实证分析可能存在一定的局限性。分位数回归方法由 Koenker 和 Bassett（1978）提出，是一种基于条件分布来拟合创新集聚的线性函数的回归方法，是均值回归的扩展，在不同分位数上描述创新集聚对经济发展质量的影响，能够反映出经济发展质量整个条件分布的全貌。本节选取分位数回归模型对创新集聚提升经济发展质量的效果开展进一步的分析。

一、分位数估计模型设定

分位数回归的原理是使误差的绝对值加权和最小，并非使误差平方和最小，这从一定程度上有效避免了实证结果受异方差和误差项序列相关等因素的影响，并且分位数回归不需要数据满足正态分布特征或对称分布特征的要求，因此估计的参数结果也更加稳健。分位数回归的形式如下：

$$F_y(y_q) = P(Y \leqslant y_q) = q \tag{5-8}$$

其中，y是被解释变量，即本章的劳动生产率（LP），q（$0 < q < 1$）为分位点，Y是连续随机变量，F_y是条件分布函数。分位数q将样本分为两个部分，第一部分小于或等于y_q，其概率为q，第二部分大于y_q，其概率为$1 - q$。在线性回归模型中，如果扰动项满足同方差假设，或者扰动项是异方差且满足乘积的形式，则y_q是x的线性函数。

$$y_q(x_i) = x'_i\beta_q \tag{5-9}$$

其中，β_q表示解释变量x在q分位数上的回归系数，其数值由下式的最小值定义：

$$\min_{\beta_q} \sum_{i:y_i \geqslant x'_i\beta_q} q\left|y_i - x'_i\beta_q\right| + \sum_{i:y_i < x'_i\beta_q} q\left|y_i - x'_i\beta_q\right| \tag{5-10}$$

不同分位点q的回归结果不同，即有着不同的回归曲线。当分位点q的变化区间在0到1时，参数估计结果为一条曲线，代表解释变量影响被解释变量的全部轨迹。

二、分位数回归的结果分析

为考察创新集聚对不同经济发展质量的异质性影响，本章选取了10百分位点、50百分位点和90百分位点，分别对应低效率组、中效率组和高效率组。利用面板分位数回归法对整体样本进行估计，回归结果见表5-14。

表5-14　城市创新集聚对劳动生产率影响的分位数效应

项目	全员劳动生产率			非农劳动生产率		
分位点	10%	50%	90%	10%	50%	90%
DAgg	0.266***	0.246***	0.229***	0.283***	0.257***	0.235***
	(0.024)	(0.011)	(0.016)	(0.065)	(0.024)	(0.021)
Inv	16.843***	15.979***	15.223***	19.562*	18.722***	17.988***
	(4.251)	(1.917)	(2.907)	(11.853)	(4.350)	(3.828)
R&D	5.542***	5.167***	4.838***	5.010***	4.687***	4.404***
	(0.508)	(0.229)	(0.348)	(1.381)	(0.507)	(0.446)
Gov	1.117***	1.348***	1.550***	1.037	1.296***	1.523***
	(0.289)	(0.130)	(0.197)	(0.802)	(0.294)	(0.259)
FDI	−0.032	−0.019*	−0.007	−0.031	−0.017	−0.004
	(0.023)	(0.010)	(0.015)	(0.062)	(0.023)	(0.020)
Edu	1.207***	0.894***	0.619***	1.159	0.880***	0.636**
	(0.302)	(0.136)	(0.206)	(0.813)	(0.298)	(0.262)
Internet	0.119*	0.224***	0.315***	0.134	0.239***	0.330***
	(0.063)	(0.029)	(0.043)	(0.171)	(0.063)	(0.055)
Infr	0.185***	0.143***	0.107***	0.198**	0.149***	0.105***
	(0.032)	(0.015)	(0.022)	(0.090)	(0.033)	(0.029)
N	4560	4560	4560	4560	4560	4560
年度	控制	控制	控制	控制	控制	控制
地区	控制	控制	控制	控制	控制	控制

　　注：*、**、***分别表示在10%、5%、1%的水平上显著，各模型括号内数值为城市水平聚类标准误。

表5-14关于全员劳动生产率的三个模型显示，创新集聚在全员劳动生产率各分位点的估计系数显著为正，进一步说明创新集聚能有效提升全员劳动生产率。但是，通过比较不同分位数水平下创新集聚的估计系数值可以发现，随着分位数由低向高变动，创新集聚的估计系数值呈下降的趋势，估计系数值分别为0.266、0.246和0.229。这一结果说明，创新集聚对处在低效率组城市的作用要明显高于中效率组城市和高效率组城市。关于非农劳动生产率的三个模型中，创新集聚在非农劳动生产率各分位点的估计系数显著为正，估计系数值分别为0.283、0.257和0.235，结果同样说明随着非农劳动生产率的提高，创新集聚对其的作用效果呈阶梯式下降。

对创新集聚的估计系数值变化趋势的可能解释是，在劳动生产率水平较低的城市，劳动生产率在技术进步和效率提升方面都有较大的空间，创新集聚可以通过优化就业结构、产业结构、空间结构等多种渠道提升全员劳动生产率；而劳动生产率较高的城市在城市建设、产业结构、人才技能等方面的水平都较高，通过效率改善和技术进步可以促进劳动生产率提升的边际效应下降（Mauro等，2020）。

图5-3绘制了创新集聚（$DAgg$）在更多分位点的系数变化趋势，直观地反映了系数值和显著性水平（置信区间）的变化趋势。图5-3显示，无论是全员劳动生产率还是非农劳动生产率，都随着分位数由低向高递进，创新集聚的估计系数值呈单调下降的趋势，同样说明创新集聚使劳动生产率提升边际效应下降。进一步地，从系数的估计精度看，在全员劳动生产率中位数附近系数比较显著，低分位数和高分位数上的显著性水平相对较低；非农劳动生产率低分位数上的显著性水平较低，而在高分位数上的系数精度相对更高。总体上看，无论是全员劳动生产率还是非农劳动生产率，所有分位数上的系数都显著为正。

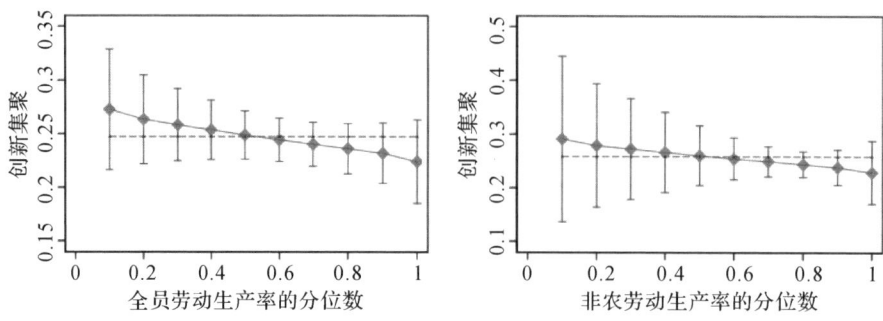

图5-3　分位数回归的创新集聚系数变化趋势

　　事实上，根据回归结果，并结合图5-4可以发现，随着劳动生产率的提升，边际贡献下降现象在物质资本（*Inv*）、研发水平（*R&D*）、人力资本（*Edu*）、基础设施（*Infr*）等变量上也出现。上述变量同样在各分位点的估计系数显著为正，估计系数值呈下降的趋势，说明这些因素随着城市劳动生产率提高而作用效果下降。当然也有边际贡献随着劳动生产率提升变大的政府作用（*Gov*）和互联网发展（*Internet*）两个因素，这主要是因为具有越高劳动生产率的城市越需要政府更有效的作为。当前，互联网的影响从消费领域向生产领域不断蔓延，数字经济主要集中在高劳动生产率的城市。但是对外开放水平（*FDI*）只在中位数上以10%的显著性水平通过检验，且估计系数值在所有分位数水平上都小于0，说明对外开放水平对城市劳动生产率提升的作用效果不理想。

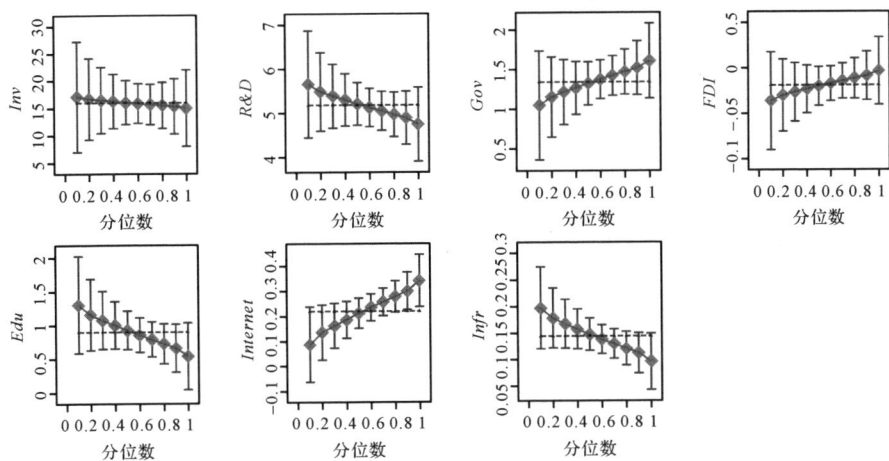

图5-4　分位数回归的控制变量系数变化趋势

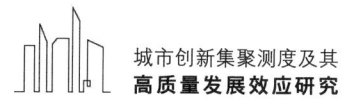
本章小结

　　本章通过对中国2003—2018年样本城市面板数据的研究发现，无论是从全员劳动生产率还是非农劳动生产率角度测度经济发展质量，城市创新集聚的效率提升作用都非常显著，这一结论通过工具变量处理内生性以及多种稳健性检验后，依然成立。

　　异质性研究表明，由于东部城市的创新发展较早、密度较高，创新集聚影响经济发展质量的效果在东部地区最强，西部地区次之，中部地区最小，即呈现中部洼地格局。城市规模越大，创新集聚对经济发展质量提升的作用越强，即从系数大小上呈现"特大城市>大城市>中小城市"的排列规律。由于副省级及以上城市尤其是省会城市担负的非经济功能较多等原因，非中心城市的创新集聚对经济发展质量的影响高于中心城市。

　　从重要时间节点看，金融危机不仅直接对金融系统和资本市场产生了一定的负面影响，还间接被传递到实体经济和创新领域，影响了创新集聚对经济发展质量提升的作用，表现为金融危机以后创新集聚对城市经济发展质量的促进作用明显减弱。党的十八大提出实施创新驱动发展战略以来，创新投入增加、创新成果和产业化步伐加快，驱动科技研发、数字经济等部门的快速发展，极大地提升了城市经济发展质量。

　　面板分位数估计结果表明，创新集聚对处在低效率组城市的作用要明显高于中效率组城市和高效率组城市，呈现创新集聚影响经济发展质量的边际效应递减规律。事实上，在劳动生产率水平较低的城市，劳动生产率在技术进步和效率提升方面都存在较大的提升空间，可以通过创新集聚优化就业结构、产业结构、空间结构等多种渠道提升全员劳动生产率；而劳动生产率较高的城市在城市建设、产业结构、人才储备等方面的基础都较好，通过效率改善和技术进步促进经济发展质量提升的空间较小。

Chapter 06

第六章
城市创新集聚提升经济发展质量的
机制检验

在第五章的基础上，本章同样采用2003—2018年中国285个地级及以上城市的面板数据，进一步从内部渠道和外部环境的双重角度进行理论分析和实证检验。一是从就业结构、资本配置和创业活力等三条内部渠道出发，采用中介效应模型对城市创新集聚影响经济发展质量的中介机制进行实证分析。二是立足于城市蔓延、技术市场和知识产权保护等三方面的城市环境，采用调节效应模型开展理论分析和实证检验。

第一节　影响机制的理论基础

一、城市创新集聚影响经济发展质量的中介机制

创新集聚不仅直接影响城市经济发展质量，还会促进城市的劳动力、资本和企业家从效率较低的部门逐渐向效率较高的知识密集型或技术密集型的部门转移；同时，新增或者从外部流入的劳动力、资本等资源要素大概率被配置到效率较高部门或者组建成高新技术企业，进而推进城市经济

发展质量持续上升。简而言之，创新集聚不仅能够直接影响城市经济发展质量，还可能通过劳动力、资本以及创业等渠道间接地影响经济发展质量。

（一）就业结构对创新集聚提升经济发展质量的影响

创新集聚有利于厚植城市的技术基础，还会影响科技人才在产业间和区域间的流动，从而影响就业结构。具体而言，一是在要素自由流动的情况下，创新集聚程度高的城市，由于创新的规模效应和技术关联效应，将吸引更多高科技人才、管理人才等高端劳动力不断流入。无论是美国的硅谷、纽约等创新重镇，还是北京、深圳等国内创新型城市，都持续不断地吸引全国乃至全球人才，从而优化了就业结构。二是创新集聚增加了劳动力在部门间的流动性，更高技术能力的劳动力将被配置到更高效率的产业部门和企业。例如，计算机等高科技创新集聚区的跳槽率明显高于其他地区（Fallick 等，2006）。创新集聚区畅通了知识在不同劳动力之间的传播渠道，强化了劳动力之间的技能匹配程度，加速了各项技能和创意的溢出，这种知识共享和溢出自然提升了劳动力的必备能力，让他们得以更灵活地选择职业，从而优化了就业结构。三是在创新集聚型城市，劳动力之间的就业竞争更加激烈，同时技能水平也更容易体现在工资议价能力上，这要求劳动力不断提升自身技能水平以获得更理想的职位，从而激发劳动力进行自身的人力资本投资（Rotemberg 等，2000），并带动整个产业乃至关联产业知识技术水平的提高，进一步优化城市的就业结构。

同时，就业结构升级会提升知识、技术的储备水平，促进各类高端要素间的知识共享与学习，在推动城市经济发展质量方面发挥重要作用。就业结构升级体现在研发人员数量和研发人员综合素质提升上，后者包括个体的知识储备、研发经验、创造能力、新技术消化吸收能力等，提高这些，可以提升城市经济发展质量（李平，2016）。程惠芳和陈超（2017）

也认为科技人才能通过推动创新发展、提高创新效率、优化资源配置、增强技术溢出效应等途径提升经济发展质量。具体而言，就业结构升级提升了城市整体的知识水平，使城市具有更强的知识吸收能力和更高的资源配置能力（黄燕萍等，2013），可通过加速新产品、新知识开发推进城市生产可能性边界向外移动。同时，就业结构升级更容易促进高科技产业领域开展国内外的合作，加快技术成果产业化进程及提高创新成果转化效率（刘晔等，2019；Barcenilla等，2019），进而促进城市经济发展质量提升。

（二）资本配置对创新集聚提升经济发展质量的影响

创新集聚有利于优化资本配置，降低资本错配风险。一方面，城市创新地理集聚程度提高，资本的集聚程度也会随之提高，会在区域层面形成金融机构及其业务的专业化分工（王如玉等，2019）。专门针对创新创业的资本往往会整合金融机构、社会、政府等多元资本渠道筹建创新创业投资基金，将资金配置到收益率高的领域和项目，从而提升金融机构和金融部门整体的资本配置效率（Svaleryd和Vlachos，2005）。另一方面，城市创新的技术集聚有利于围绕创新链打造资金链，形成金融及其相关部门间的协同合作。地理上接近的大量金融机构和相关企业会通过基础设施共享、知识信息快捷流动以及相关业务的合作交流等途径降低运营成本，从而有利于围绕创新链和产业链打造资金链，形成金融、科技和产业之间的良性互动，降低资本错配程度（崔书会等，2019）。

资本是经济发展的重要因素，完善的资本市场体系能够使闲散资金流向投资回报率高的创新创业项目（Greenwood等，1997）。事实上，无论是在城市、产业还是企业层面，金融和资本市场发展都能够显著促进经济发展质量提升（Levine，2004）。在创新集聚区，金融机构还能够率先发挥科技对金融系统的支持作用，如近年来涌现出的科技金融等新兴金融业态，都是在创新集聚区孵化形成的。金融领域的创新，不仅会提升金融机构的效率，优化整个金融体系，还会提高城市整体的资本配置效率，更好地发挥金融对实体经济的支持作用。金融机构还会借助信息和大数据等科学技术进一步推动产业链金融的发展，用金融手段支持传统产业链向工业互联网转型升级，整体推动经济发展质量的提升（刘军等，2007；张浩然，2014）。

（三）创业活力对创新集聚提升经济发展质量的影响

创新集聚可以通过劳动力匹配、科技驱动和知识溢出等功能创造更多的创业机会，从而提升城市的创业活跃度。一方面，创新集聚有助于形成地理邻近且技术关联的高技能劳动力池，能够使人才快捷有效地进行匹配和合作（Berliant等，2006）。同时，也形成了以企业为核心，涵盖大学、科研院所、政府、创业投资机构、中介服务组织等多元化主体的区域创新创业生态体系（陈劲等，2014；周泯非和魏江，2009），降低了高技术创业的风险和门槛，为高技能团队自主创业提供了高效的创业平台（Strange等，2006）。另一方面，创新集聚会积极发挥新技术的先行先试和近距离溢出优势，如近年来的互联网、云计算、大数据等数字技术为创业提供了更多的便利和机会（韩长根和张力，2019；荆文君和孙宝文，2019；赵涛等，2020），为创业活动及其快速发展提供了持续性的技术支持。20世纪90年代，硅谷的苹果、英特尔等公司员工的离职创业潮，衍生出400多家新的科技企业。我国的国家级高新技术产业开发区，汇集了全国超过一半的创新资源，也成功孵化了大量高科技企业，成为保障经济高质量发展的中坚力量（李雯和解佳龙，2017）。创新集聚不仅有助于催生更多的初创企业，还能够帮助企业从外部持续有效地获取各类资源，形成"创业苗圃—孵化器—加速器—产业园"这一产业链与创新链相互融合的创新创业综合服务体系，满足创业团队不同阶段对技术、市场和渠道等多元化需求，解决企业成长过程中的后顾之忧（Sleuwaegen 和 Boiardi，2014；尹苗苗和王玲，2015）。

同时，创业活动的增强有助于提升经济发展质量。创业活动象征经济发展的内在活力，通过知识溢出、增加企业数量、业务多样化、优化资源配置（贺晓宇和沈坤荣，2018）、增加就业（Glaeser 等，2015；张成刚等，2015）等途径对经济发展产生积极影响。创业将人才、技术、资本等生产要素重新组合，提升了新技术的商业化运用效率，产生新的更大的效益，从而在城市的整体层面产生效率提升效应（Sa 等，2019）。Audretsch 和 Keilbach（2005）对德国的实证分析认为，创业促进经济发展的重要途径是提高劳动生产率。在城市层面，Glaeser（2007）对美国城市的经济研究表明，创业是导致城市经济差异的重要因素。针对国内的研究同样表明，创业对地区经济发展质量具有显著的正向影响（高波和赵奉军，2009；李宏彬等，2009；程锐，2016；孙英杰等，2019）。改革开放的40多年，中国所创造的增长奇迹与创业活力是紧密相连的（蒋含明和李非，2013）。近年来，我国大力推行简政放权、放管结合、优化服务，促进市场主体活力和创新能力释放。王叶军（2019）根据此背景开展的研究发现，创业活动同样对推动经济发展产生着积极有效的作用。

二、城市创新集聚影响经济发展质量的调节机制

城市创新集聚能否有效提升经济发展质量，还受到城市蔓延、技术市场和知识产权保护水平等环境因素的影响。

（一）城市蔓延对创新集聚提升经济发展质量的影响

蔓延的城市空间形态表现为土地扩张速度超过其承载的经济要素规模

增加的速度，造成土地的非集约利用。现实中，一些城市通过新建园区或新城等蔓延式的发展降低了人口密度和经济密度，还降低了创新的地理密度及其技术关联密度。低密度、扁平化的蔓延式发展模式，增加了通勤距离，延长了通勤时间，影响了创新集聚提升经济发展质量所需的交流平台和知识溢出渠道（Martinus 等，2020；秦蒙等，2019）。与之相反，紧凑的城市表现为人际的地理距离减小、交流便捷，从而知识溢出更加有效（郭将和岳文瑞，2020）。同时，紧凑的城市还能共享各类公共设施和研发设备，提高了城市的生活品质和创新环境，彰显了更强劲的吸引力和竞争力。事实上，创新集聚之所以能比孤立的创新活动更多地提升经济发展质量，很大程度上受益于地理距离较近的创新生态系统中各类创新主体间的技术联动、协同合作，在较小空间范围内的集聚效应更加有效（Figueiredo 等，2015）。Rosenthal 和 Strange（2003）发现，诸多创新型产业的知识溢出呈现出很强的依距离衰减的特征，1 千米内的强度是 2—5 千米的 10 倍以上，而 10 千米以上，知识溢出效应急速下降。因此，创新集聚提升经济发展质量强烈依赖空间距离，城市蔓延的负面作用不容忽视。

（二）技术市场对创新集聚提升经济发展质量的影响

技术市场是技术商品生产、交换、流通等的综合平台，建立技术市场有利于理顺技术产业化机制、促进科技和经济融通发展，有利于促进创新集聚的作用发挥。一方面，技术市场是技术成果供需双方对接的桥梁。从技术创新转化为现实生产力的全过程看，技术开发者与应用者往往不是重合的，这就势必要求对技术成果进行转化，技术只有实现市场价值才能保障后续研究的研发投入（蔡跃洲，2015）。技术市场能够有效传递技术需求和技术供给等信息，降低信息不对称程度，及时将创新成果转移转化为新产品和新工艺（隋立祖和寇宗来，2011），扩大技术的应用领域和应用对象（Zheng 等，2017）。另一方面，技术市场有利于引导创新资源优化配置。对于大部分应用型创新来说，其价值要通过新产品的销售兑现。技术市场通过技术类无形资产挂牌交易等具体模式，形成了科技成果市场化定价机制。如果创新价值高、市场需求广，那么就可以获得更多的研发经费；如果无人问津，那么就帮助创新部门及时止损。现实中，完善的技术市场还会吸引各类投资机构、大型企业的关注，这些机构会对有价值的创新成果给予资金、人才等方面的投入（张汝飞等，2016），优化了劳动力、资本和技术等创新要素配置效率，进而更好地使创新集聚持续有效地提升城市经济发展效率。

（三）知识产权对创新集聚提升经济发展质量的影响

知识产权保护的重点是界定知识的产权边界，这有利于促进创新集聚和知识溢出，有利于激发创新人才活力和激励创新资本投入，有利于优化资源配置，从而不断提升城市的经济发展质量。具体而言，第一，加强知识产权保护的核心是保护创新成果的产权，这是创新成果转移转化的前置条件（Lai 等，2020）。有效保护知识产权，有利于正向引导创新人才和资本投入的预期，有利于引导创新资源合理流动以及创新成果的应用，促进产业结构优化升级（顾晓燕等，2020），有效促进创新集聚对城市经济发展质量的提升作用。第二，知识产权保护这一产权界定的制度安排有助于合理界定知识溢出和技术剽窃，强化了企业持续开展创新的动力和将技术成果市场化的信心，同时也会提升创新质量（蔡绍洪和俞立平，2017）。第三，良好的知识产权保护环境，还会吸引创新人才和科技金融的集聚，吸引其他地区和国家通过投资、技术许可等渠道为本地提供异质性的技术，丰富城市创新集聚的技术多样性，为产业转型升级提供更丰富的技术支持，持续提升城市经济发展质量。

第二节 ▶ **模型设定与数据说明**

一、模型设定

（一）中介效应检验模型

理论分析表明，创新集聚可以通过改善就业结构、资本配置和创业活力等途径与机制影响经济发展质量。借鉴中介效应的检验方法（Baron 和 Kenny，1986；温忠麟和叶宝娟，2014），采用如下递归模型进行分析：

$$LP_{it} = \alpha_0 + \alpha_1 DAgg_{it} + \gamma_X X_{it} + \mu_i + \eta_t + \varepsilon_{it} \tag{6-1}$$

$$M_{it} = \beta_0 + \beta_1 DAgg_{it} + \gamma_X X_{it} + \mu_i + \eta_t + \varepsilon_{it} \tag{6-2}$$

$$LP_{it} = \varphi_0 + \varphi_1 DAgg_{it} + \varphi_2 M_{it} + \gamma_X X_{it} + \mu_i + \eta_t + \varepsilon_{it} \tag{6-3}$$

其中，式（6-1）与式（5-4）相同。式（6-2）中，M 表示中介变量，包括就业结构（Job）、资本配置（$Mismatch$）和创业活力（$Entrep$）三个变量。本章采用贾俊生等（2017）等文献中的中介效应检验方法。

第1步，对式（6-1）进行回归，检验创新集聚（$DAgg$）的估计系数是否显著为正，若 α_1 显著为正，则意味着创新集聚（$DAgg$）对城市经济发展质量产生了促进作用。

第2步，对式（6-2）进行估计，考察创新集聚（$DAgg$）与就业结构（Job）、资本配置（$Mismatch$）和创业活力（$Entrep$）三个中介变量之间的关系，创新集聚（$DAgg$）的系数值β_1显著，那么说明创新集聚（$DAgg$）对中介变量起到积极作用。

第3步，对式（6-3）进行估计，也就是检验中介变量对城市经济发展质量的影响，如果系数φ_1和φ_2都显著，且φ_1的绝对值小于α_1的绝对值，则说明存在部分性质的中介效应。若式（6-2）的回归系数β_1以及式（6-3）中φ_1、φ_2任何一个系数不显著，则需要进一步通过Sobel检验来判断中介效应是否存在。如果β_1和φ_1、φ_2都显著，依据蔡海亚和徐盈之（2017）、景光正等（2017）、戴魁早和刘友金（2020）的做法，就不需要进行Sobel检验了。

进一步地，如果验证就业结构（Job）、资本配置（$Mismatch$）或创业活力（$Entrep$）在创新集聚（$DAgg$）影响经济发展质量（LP）过程中存在中介效应，也就是$\beta_1 \times \varphi_2$与α_1的符号都显著为正或都显著为负，参考卞元超等（2019）等研究中对于影响效应的分解算法，可以依据公式$\beta_1 \times \varphi_2/\alpha_1$（$= 1 - \varphi_2/\alpha_1$）计算出中介效应占总效应的比重。

（二）调节效应检验模型

前文的理论分析表明，创新集聚对城市经济发展质量的作用效果可能会受到城市环境变量的影响，这里采用前期相关文献（戴魁早和方杰炜，2019；盛斌和毛其淋，2017）通常的处理方法，在式（5-4）解释变量中加入城市创新集聚（$DAgg$）与城市蔓延（SPR）、技术市场（MT）和知识产权（IPR）乘积项进行检验，具体计量模型如下：

$$LP_{it} = \alpha_0 + \alpha_1 DAgg_{it} + \alpha_2 DAgg_{it} \times Z_{it} + \beta_X X_{it} + \mu_i + \eta_t + \varepsilon_{it} \quad (6-4)$$

其中，Z 表示城市蔓延（SPR）、技术市场（MT）和知识产权（IPR）。

二、变量选取

在前文对经济发展质量、创新集聚和重要控制变量等指标测度以及数据来源做说明的基础上，本章加入就业结构、资本配置和创业活力等三个中介变量以及城市蔓延、技术市场和知识产权等三个调节变量开展实证模型。相关的变量选取和定义具体说明如下。

（一）被解释变量

本章同样采用实际生产总值与劳动力之比度量的劳动生产率，包括全员劳动生产率（LPt）和非农产业劳动生产率（LPn）。

（二）解释变量

核心解释变量也为创新集聚（$DAgg$）；控制变量也与基准模型保持一致，选取物质资本（Inv）、研发水平（$R\&D$）、政府作用（Gov）、对外开放水平（FDI）、人力资本（Edu）、互联网发展（$Internet$）和基础设施（$Infr$）等。

（三）中介变量

1. 就业结构（Job）

鉴于就业变量的多重属性，已有研究中根据具体的研究目的赋予就业结构多种表达，包括劳动力年龄结构、素质结构和性别结构等。鉴于本章重点考察就业群体技能层面的结构变化，并考虑到数据的可得性，本章采用第二三产业与第一产业就业人数的比值来衡量就业结构变量。

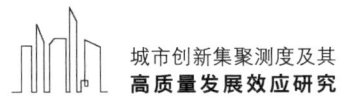
2. 资本错配（*Mismatch*）

基于数据的可得性，本章借鉴白俊红和刘宇英（2018）、崔书会等（2019）的方法计算各城市资本错配指数（*Mismatch*），计算公式为：

$$Mismatch = \frac{1}{\gamma_{Ki}} - 1 \qquad (6\text{-}5)$$

其中，γ_{K_i}表示资本的价格扭曲系数，测度方法为$\gamma_{K_i} = \left(\dfrac{K_i}{K}\right) \Big/ \left(\dfrac{s_i \beta_{K_i}}{\beta_K}\right)$。

其中，s_i表示城市i产出占所有城市总产出的比重，K_i/K表示城市i的资本占所有城市总资本的比重，$s_i\beta_{Ki}/\beta_K$是资本效率配置时城市i资本的理论比重，β_{Ki}是利用具有规模报酬不变的柯布-道格拉斯生产函数（简称C-D函数）估计的各城市资本产出弹性。产出用各城市生产总值表示，劳动投入量用各城市就业人数衡量，资本使用永续盘存法计算，公式为：$K_{it} = I_{it}/P_{it} + (1-\delta)K_{it-1}$。其中，$I_{it}$为$i$城市第$t$年的全社会固定资产投资，$P_{it}$为$i$城市第$t$年的固定资产投资价格指数[①]，$\delta$为折旧率，借鉴国内文献的通常做法，取9.6%。

3. 创业活力（*Entrep*）

创业活力的指标多见于对企业家精神的测度，考虑到自我雇用的比例能够反映创业的活跃程度（Fritsch和Wyrwich，2017）及城市层面数据可得性，本章选择王叶军（2019）和李宏彬等（2009）的方法，采用城市城镇私营企业和个体从业人员与其他就业人员的数量比表示城市创业活力。该指标数值越大，表明就业群体中自我雇用的比例越高，创业活力也就越大。

---

① 由于城市数据中的固定资产投资价格指数缺失，故利用各省数据替代。

（四）调节变量

1. 城市蔓延指数（*SPR*）

城市蔓延反映了土地城市化和人口城市化之间的关系。当土地城市化速度超过人口城市化速度时，城市向扁平化蔓延，导致城市低密度扩张，对企业生产、城市通勤和技术交流形成空间上的障碍，影响创新集聚对经济发展质量提升作用的发挥。在此参考洪世键和张京祥（2013）以及程开明和徐扬（2019）的思路，为避免统计上城市建成区面积变动不明显，采用如下公式测度城市蔓延程度：

$$SPR_{it} = \frac{\Delta P_{it}/P_{it}}{\Delta A_{it}/A_{it}} \tag{6-6}$$

式中，SPR_{it}为城市蔓延指数，下标i代表城市。ΔP_{it}为当年人口数（P_{it}）与上一年人口数（P_{it-1}）的差值；同样，ΔA_{it}为当年建成区面积（A_{it}）与上一年建成区面积（A_{it-1}）的差值。若城市人口增长速度小于建成区面积增长速度（$SPR < 1$），表示城市呈现蔓延式发展态势；若城市人口增长速度大于建成区面积增长速度（$SPR > 1$），表示城市呈现紧凑式发展态势。

2. 知识产权保护水平（*IPR*）

已有研究选择的知识产权保护水平测度方法不尽相同，主要包括以下几类（李勃昕等，2019）。一是GP指数，主要反映知识产权保护强度，是由Ginarte和Park（1997）提出的，被许多研究采用。但是，我国知识产权保护有司法和行政两个渠道，用GP指数测度我国知识产权保护水平不能体现知识产权行政保护水平。此外，GP指数以五年为一周期，不能反映知识产权保护水平的年度变化情况，其检验结果受到一定的质疑（赖敏和韩守习，2018）。二是从专利侵权纠纷角度，以立案数与结案数的比值衡量知识产权保护水平，实际上只反映了专利侵权的事后法律惩治强度，难以全面衡量创新全过程中的知识产权保护水平，而且这一指标会受到执法能力、执法投入等在不同地区不同年度标准不一的因素影响，其检验结果同样受到质疑（史宇鹏和顾全林，2013）。三是采用广为采用的"中国市场化指数"的分项指标"市场中介组织的发育和法律制度环境"，本章将采用该指标作为知识产权保护的代理指标。该项指标从法律和中介等多个层面反映了知识产权保护的水平，且是"中国市场化指数"的分项指标，指标稳健，可信度高。

3. 技术市场发展（*MT*）

关于如何准确地衡量技术市场发展程度，目前学术界尚未形成统一的衡量指标。鉴于研究的目的不同，不同学者从不同视角对其展开了讨论，衡量指标则不尽相同，且都具有重要的科学意义（樊纲等，2011）。但是，要准确地反映各地技术市场的发展情况，较为理想的衡量指标应该既能够反映技术市场的含义，又简单明了且测算数据可获得。学术界一般认为，技术市场是技术商品生产、交换、流通关系的总和（张欣炜和林娟，2015），技术市场发展是能够全面反映技术商品各类关系的指标，是技术市场发展综合水平较为理想的测度指标。事实上，技术市场交易额指标既能够反映各地技术商品的交换关系（刘和东，2013；张汝飞等，2016），又能较为便捷地获取。基于此，本章采用戴魁早（2018）的做法，选取技术市场交易额衡量技术市场发展程度。

中介机制的实证检验

　　基准研究的结果表明，创新集聚对提升城市经济发展质量具有积极的作用。那么，是什么原因导致这一现象的产生呢？换言之，创新集聚影响城市经济发展质量的传导机制是什么？根据前文的理论分析，本节将从就业结构、资本配置和创业活力来研究创新集聚影响城市经济发展质量的内部传导机制。

一、就业结构的中介作用

　　表6-1模型（1）、模型（2）和模型（3）报告了以全员劳动生产率衡量城市经济发展质量时的就业结构中介效应估计结果。模型（1）的基准回归系数为0.247；模型2中创新集聚（$DAgg$）的系数显著为正，值为0.271，说明创新集聚显著优化了就业结构。从模型3可以看出，就业结构对全员劳动生产率的估计系数在1%的水平下显著为正（值为0.048），可以认为就业结构是影响全员劳动生产率的重要因素；同模型中，创新集聚（$DAgg$）的系数也显著为正（值为0.234），且小于基准回归系数，这说明创新集聚通过优化就业结构这一途径和机制促进了全员劳动生产率的提升。

表6-1 就业结构的中介作用

项目	(1)	(2)	(3)	(4)	(5)	(6)
	全员劳动生产率			非农劳动生产率		
	LPt	*Job*	*LPt*	*LPn*	*Job*	*LPn*
DAgg	0.247***	0.271***	0.234***	0.258***	0.271***	0.247***
	(0.019)	(0.067)	(0.019)	(0.020)	(0.067)	(0.020)
Job			0.048***			0.041***
			(0.013)			(0.013)
Inv	15.972***	21.631**	14.941***	18.717***	21.631**	17.820***
	(3.431)	(9.316)	(3.471)	(3.649)	(9.316)	(3.678)
R&D	5.177***	−5.590***	5.443***	4.697***	−5.590***	4.929***
	(0.472)	(1.490)	(0.456)	(0.485)	(1.490)	(0.469)
Gov	1.337***	−0.063	1.340***	1.283***	−0.063	1.286***
	(0.211)	(0.542)	(0.206)	(0.218)	(0.542)	(0.213)
FDI	−0.019	−0.159**	−0.012	−0.018	−0.159**	−0.011
	(0.015)	(0.062)	(0.015)	(0.016)	(0.062)	(0.015)
Edu	0.898***	0.823	0.859***	0.884***	0.823	0.850***
	(0.240)	(0.639)	(0.240)	(0.239)	(0.639)	(0.239)
Internet	0.221***	0.696***	0.187***	0.235***	0.696***	0.206***
	(0.048)	(0.165)	(0.047)	(0.048)	(0.165)	(0.048)
Infr	0.144***	0.018	0.143***	0.150***	0.018	0.150***
	(0.024)	(0.067)	(0.024)	(0.025)	(0.067)	(0.025)
常数项	−1.023**	2.321*	−1.133**	−1.099**	2.321*	−1.195**
	(0.504)	(1.343)	(0.500)	(0.501)	(1.343)	(0.498)
N	4560	4560	4560	4560	4560	4560
组内 R^2	0.820	0.533	0.825	0.818	0.533	0.821

续　表

项目	(1)	(2)	(3)	(4)	(5)	(6)
	全员劳动生产率			非农劳动生产率		
	LPt	*Job*	*LPt*	*LPn*	*Job*	*LPn*
F	327.928	88.129	312.654	317.037	88.129	301.018
Hausman	890.080	62.759	306.836	786.470	62.759	48.987
年度	控制	控制	控制	控制	控制	控制
地区	控制	控制	控制	控制	控制	控制
中介效应	$(0.271 \times 0.047)/0.247 = 4.87\%$			$(0.271 \times 0.041)/0.258 = 4.28\%$		

注：*、**、***分别表示在10%、5%、1%的水平上显著，模型（1）—（6）括号内数值为城市水平聚类标准误；尽管模型（6）的Hausman未通过检验，经与随机效应模型计算比较，核心解释变量非常接近，但是根据本章实际数据和理论，报告固定效应模型的结果更合理。

同样，表6-1模型（4）、模型（5）和模型（6）报告了以非农劳动生产率衡量城市经济发展质量时的就业结构中介效应估计结果。模型（4）的基准回归系数为0.258；模型（5）中 $DAgg$ 的系数显著为正，值为0.271；模型（6）的就业结构估计系数（值为0.041），在1%的水平下显著为正，说明就业结构的中介效应同样有效。可见，无论是以全员劳动生产率还是非农劳动生产率衡量城市经济发展质量，就业结构都是创新集聚提升经济发展质量的重要渠道。

根据表6-1报告的检验结果，被解释变量无论是全员劳动生产率还是非农劳动生产率，两种中介效应第2步［模型（2）和模型（5）］检验的系数 β_1 和 φ_2 都显著，且第3步［模型（3）和模型（6）］检验创新集聚（$DAgg$）的系数 φ_1 也显著，说明两种中介效应都存在，不必进行Sobel检验。

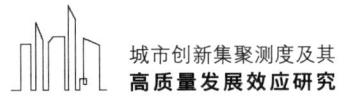
那么，根据创新集聚（*DAgg*）影响全员劳动生产率的效应分解方法，就业结构在解释创新集聚（*DAgg*）对全员劳动生产率的作用中所占的比重为4.87%，在解释创新集聚（*DAgg*）对非农劳动生产率的作用中所占的比重为4.28%，这表明现阶段创新集聚通过促进优化就业结构渠道对全员劳动生产率提高的作用要大于非农劳动生产率。原因可能在于，就业结构升级与劳动力资源由第一产业向第二、三产业优化配置是同一过程。事实上，农业剩余劳动力的重新配置不仅支撑了改革开放以来全员劳动生产率迅速提高（蔡昉，2017），而且对农业劳动生产率的改善更加突出（蔡昉，2018）。因此，检验结果显示出就业结构在不同产业部门中介效果的差异。

二、资本配置的中介作用

表6-2模型（1）、模型（2）和模型（3）报告了以全员劳动生产率衡量城市经济发展质量时的资本错配中介效应估计结果。模型（1）的基准回归系数为0.247；模型（2）中创新集聚（*DAgg*）的系数显著为负，值为-0.248，说明创新集聚显著降低了资本错配程度；从模型（3）可以看出，资本错配对全员劳动生产率的估计系数在1%的水平下显著为负（值为-0.263），可以认为资本错配是影响全员劳动生产率的重要途径；此外，创新集聚（*DAgg*）的系数显著为正（值为0.181），且小于基准回归系数，这说明创新集聚通过弱化资本错配这一途径和机制促进了全员劳动生产率的提升。根据创新集聚（*DAgg*）影响全员劳动生产率的效应分解方法，资本错配在解释*DAgg*对全员劳动生产率的作用中所占的比重为26.01%，资本错配是创新集聚（*DAgg*）影响全员劳动生产率渠道。

表6-2　资本配置的中介作用

项目	(1)	(2)	(3)	(4)	(5)	(6)
	全员劳动生产率			非农劳动生产率		
	LPt	*Mismatch*	*LPt*	*LPn*	*Mismatch*	*LPn*
DAgg	0.247***	−0.248***	0.181***	0.258***	−0.248***	0.190***
	(0.019)	(0.020)	(0.018)	(0.020)	(0.020)	(0.019)
Mismatch			−0.263***			−0.275***
			(0.019)			(0.020)
Inv	15.972***	−96.174***	−9.343***	18.717***	−96.174***	−7.777**
	(3.431)	(4.976)	(3.441)	(3.649)	(4.976)	(3.670)
R&D	5.177***	0.728**	5.369***	4.697***	0.728**	4.898***
	(0.472)	(0.354)	(0.446)	(0.485)	(0.354)	(0.459)
Gov	1.337***	−2.117***	0.780***	1.283***	−2.117***	0.700***
	(0.211)	(0.301)	(0.204)	(0.218)	(0.301)	(0.207)
FDI	−0.019	0.003	−0.018	−0.018	0.003	−0.017
	(0.015)	(0.021)	(0.014)	(0.016)	(0.021)	(0.014)
Edu	0.898***	−1.627***	0.470**	0.884***	−1.627***	0.436*
	(0.240)	(0.277)	(0.226)	(0.239)	(0.277)	(0.226)
Internet	0.221***	−0.308***	0.139***	0.235***	−0.308***	0.150***
	(0.048)	(0.040)	(0.046)	(0.048)	(0.040)	(0.046)
Infr	0.144***	−0.188***	0.095***	0.150***	−0.188***	0.099***
	(0.024)	(0.030)	(0.024)	(0.025)	(0.030)	(0.025)
常数项	−1.023**	8.958***	1.335***	−1.099**	8.958***	1.369***
	(0.504)	(0.588)	(0.510)	(0.501)	(0.588)	(0.509)
N	4560	4560	4560	4560	4560	4560
组内 R^2	0.820	0.839	0.850	0.818	0.839	0.847

续　表

项目	(1)	(2)	(3)	(4)	(5)	(6)
	全员劳动生产率			非农劳动生产率		
	LPt	*Mismatch*	*LPt*	*LPn*	*Mismatch*	*LPn*
F	327.928	469.001	380.317	317.037	469.001	374.458
Hausman	890.080	1347.581	2702.529	786.470	1347.581	2344.940
年度	控制	控制	控制	控制	控制	控制
地区	控制	控制	控制	控制	控制	控制
中介效应	26.01%			26.07%		

注：*、**、***分别表示在10%、5%、1%的水平上显著，模型（1）—（6）括号内数值为城市水平聚类标准误。

同样，表6-2模型（4）、模型（5）和模型（6）报告了以非农劳动生产率衡量城市经济发展质量时的资本错配中介效应估计结果。模型（4）的基准回归系数为0.258；模型（5）中 *DAgg* 的系数显著为负，值为-0.248；模型（6）的资本错配估计系数（值为-0.275），在1%的水平下显著为负，说明资本错配的中介效应同样有效，其渠道效应所占的比重为26.07%。可见，无论是以全员劳动生产率还是非农劳动生产率衡量城市经济发展质量，弱化资本错配都是创新集聚提升经济发展质量的重要渠道。

三、创业活力的中介作用

表6-3模型（1）、模型（2）和模型（3）报告了以全员劳动生产率衡量城市经济发展质量时的创业活力中介效应估计结果。

表6-3　创业活力的中介作用

项目	(1)	(2)	(3)	(4)	(5)	(6)
	全员劳动生产率			非农劳动生产率		
	LPt	*Entrep*	*LPt*	*LPn*	*Entrep*	*LPn*
DAgg	0.247***	0.126***	0.210***	0.258***	0.126***	0.218***
	(0.019)	(0.014)	(0.019)	(0.020)	(0.014)	(0.020)
Entrep			0.294***			0.317***
			(0.034)			(0.035)
Inv	15.972***	5.930**	14.227***	18.717***	5.930**	16.836***
	(3.431)	(2.873)	(3.382)	(3.649)	(2.873)	(3.594)
R&D	5.177***	2.752***	4.367***	4.697***	2.752***	3.824***
	(0.472)	(0.285)	(0.413)	(0.485)	(0.285)	(0.425)
Gov	1.337***	0.401**	1.220***	1.283***	0.401**	1.156***
	(0.211)	(0.187)	(0.203)	(0.218)	(0.187)	(0.211)
FDI	−0.019	0.000	−0.019	−0.018	0.000	−0.018
	(0.015)	(0.013)	(0.015)	(0.016)	(0.013)	(0.015)
Edu	0.898***	−0.343**	0.999***	0.884***	−0.343**	0.993***
	(0.240)	(0.173)	(0.237)	(0.239)	(0.173)	(0.235)
Internet	0.221***	0.104***	0.190***	0.235***	0.104***	0.202***
	(0.048)	(0.032)	(0.046)	(0.048)	(0.032)	(0.046)
Infr	0.144***	0.056***	0.128***	0.150***	0.056***	0.133***
	(0.024)	(0.019)	(0.023)	(0.025)	(0.019)	(0.024)
常数项	−1.023**	0.392	−1.138**	−1.099**	0.392	−1.223**
	(0.504)	(0.373)	(0.501)	(0.501)	(0.373)	(0.496)
N	4560	4560	4560	4560	4560	4560
组内 R^2	0.820	0.360	0.835	0.818	0.360	0.833

续　表

项目	(1)	(2)	(3)	(4)	(5)	(6)
	全员劳动生产率			非农劳动生产率		
	LPt	*Entrep*	*LPt*	*LPn*	*Entrep*	*LPn*
F	327.928	53.176	334.243	317.037	53.176	328.808
Hausman	890.080	116.564	842.591	786.470	116.564	706.758
年度	控制	控制	控制	控制	控制	控制
地区	控制	控制	控制	控制	控制	控制
中介效应	15.04%			15.17%		

注：*、**、***分别表示在10%、5%、1%的水平上显著，模型（1）—（6）括号内数值为城市水平聚类标准误。

模型（1）的基准回归系数为0.247；模型（2）中 *DAgg* 的系数显著为正，值为0.126，说明创新集聚显著提升了创业活力；从模型3可以看出，创业活力对全员劳动生产率的估计系数在1%的水平下显著为正（值为0.294），可以认为创业活力是影响全员劳动生产率的重要途径；此外，创新集聚（*DAgg*）的系数也显著为正（值为0.210），且小于基准回归系数，这说明创新集聚通过提高创业活力这一途径和机制促进了全员劳动生产率的提升。根据创新集聚（*DAgg*）影响全员劳动生产率的效应分解方法，创业活力在解释 *DAgg* 对全员劳动生产率的作用中所占的比重为15.04%，创业活力是创新集聚（*DAgg*）影响全员劳动生产率的有效渠道。

同样，表6-3模型（4）、模型（5）和模型（6）报告了以非农劳动生产率衡量城市经济发展质量时的创业活力效应估计结果。模型（3）的基准回归系数为0.258；模型（4）中 *DAgg* 的系数显著为正，值为0.126；模型（5）的创业活力估计系数值为0.317，在1%的水平下显著为正，说明创业活力的中介效应同样有效，其渠道效应所占的比重为15.17%。同样可见，无论是以全员劳动生产率还是非农劳动生产率衡量城市经济发展质量，提升创业活力都是创新集聚提升经济发展质量的重要渠道。

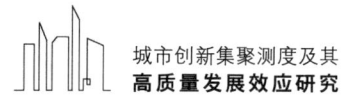

调节机制的实证检验

　　前文分析回答了就业结构、资本配置和创业活力影响创新集聚提升经济发展质量的中介机制。本节进一步从城市蔓延、技术市场和知识产权保护等城市环境因素角度，运用创新集聚与城市环境因素乘积项进行分析，考察城市环境在城市创新集聚提升经济发展质量过程中的影响。为消除内生性可能的影响，相关模型均采用创新集聚（*DAgg*）滞后二期的固定效应进行估计，F检验和Hausman检验的结果说明了各模型设定的合理性。

一、城市蔓延的调节作用

　　表6-4模型（1）和模型（2）的估计结果显示，不论对全员劳动生产率还是对非农劳动生产率，城市蔓延与劳动生产率的乘积项的系数都显著为负，值分别为-0.114和-0.119。这说明，在城市蔓延较慢的城市，创新集聚对经济发展质量的提升作用较强，而在城市蔓延较快的城市，创新集聚对经济发展质量的提升作用相对较弱。或者说，城市蔓延会削弱创新集聚对经济发展质量的提升作用，与本章的理论预期一致，也印证了毛文峰和陆军（2020）的结论。

表6-4　城市蔓延的调节作用

项目	(1) 全员	(2) 非农	(3) 工业	(4) 服务业
DAgg	0.316***	0.329***	0.302***	0.386***
	(0.023)	(0.024)	(0.030)	(0.025)
DAgg × SPR	−0.114***	−0.119***	−0.108***	−0.158***
	(0.021)	(0.022)	(0.028)	(0.021)
Inv	15.985***	18.731***	28.324***	5.739*
	(3.311)	(3.539)	(4.433)	(3.191)
R&D	5.320***	4.846***	8.849***	1.706***
	(0.471)	(0.485)	(0.543)	(0.626)
Gov	1.286***	1.229***	1.291***	1.322***
	(0.204)	(0.211)	(0.254)	(0.243)
FDI	−0.014	−0.012	0.005	−0.040**
	(0.015)	(0.016)	(0.019)	(0.018)
Edu	0.848***	0.833***	0.739***	0.937***
	(0.227)	(0.226)	(0.285)	(0.229)
Internet	0.180***	0.192***	0.122**	0.277***
	(0.048)	(0.049)	(0.054)	(0.060)
Infr	0.185***	0.193***	0.227***	0.151***
	(0.025)	(0.027)	(0.031)	(0.027)
常数项	−0.989**	−1.064**	−1.307**	−0.933*
	(0.472)	(0.470)	(0.587)	(0.489)
N	4560	4560	4560	4560
组内 R^2	0.827	0.825	0.736	0.824
F	313.500	303.140	201.122	269.745

项目	（1）	（2）	（3）	（4）
	全员	非农	工业	服务业
Hausman	650.51	557.59	229.48	493.54
年度	控制	控制	控制	控制
地区	控制	控制	控制	控制

注：*、**、***分别表示在10%、5%、1%的水平上显著，模型（1）—（4）括号内数值为城市水平聚类标准误。

模型（3）和模型（4）进一步考察了城市蔓延在制造业与服务业的创新集聚中对劳动生产率的影响，系数都显著为负，系数值分别为-0.108和-0.158，这说明低密度蔓延的城市化布局模式影响了创新对工业发展的驱动作用。进一步地，空间分散导致日常商务会谈、劳动力技能培训等创新交流活动变少，公共服务基础设施利用效率降低，知识密集型服务业发展滞后，表现为城市蔓延对创新集聚的服务业劳动生产率提升的抑制作用更强。

二、技术市场的调节作用

表6-5所有模型中都加入了创新集聚与技术市场的乘积项，模型（1）和模型（2）的结果显示，其乘积项的系数均显著为正，系数值分别为1.404和1.344。这说明，在技术市场成熟的城市中，创新集聚对城市经济发展质量的作用更加明显；相反，在技术市场较差的地区，创新集聚对城市经济发展质量的作用受到抑制。或者说，技术市场的改善在一定程度上能够促进创新集聚对城市经济发展质量作用的有效发挥，技术市场协调了

技术供需双方的对接，强化了技术信息交流、沟通乃至合作的渠道，这验证了前文的理论预期。

表6-5 技术市场的调节作用

项目	（1）	（2）	（3）	（4）
	全员	非农	工业	服务业
DAgg	0.237***	0.249***	0.227***	0.283***
	(0.020)	(0.021)	(0.026)	(0.022)
DAgg × MT	1.404***	1.344***	1.379**	1.068**
	(0.464)	(0.482)	(0.671)	(0.537)
Inv	15.333***	18.105***	27.683***	5.234
	(3.381)	(3.619)	(4.505)	(3.280)
R&D	5.208***	4.726***	8.742***	1.530**
	(0.470)	(0.483)	(0.540)	(0.636)
Gov	1.301***	1.248***	1.304***	1.366***
	(0.208)	(0.215)	(0.255)	(0.247)
FDI	−0.014	−0.013	0.005	−0.044**
	(0.016)	(0.016)	(0.020)	(0.019)
Edu	0.899***	0.885***	0.787***	1.006***
	(0.237)	(0.236)	(0.293)	(0.242)
Internet	0.203***	0.218***	0.143***	0.321***
	(0.048)	(0.049)	(0.054)	(0.060)
Infr	0.147***	0.153***	0.191***	0.097***
	(0.024)	(0.025)	(0.029)	(0.027)
常数项	−1.019**	−1.096**	−1.335**	−0.977*
	(0.496)	(0.495)	(0.608)	(0.519)

项目	（1）	（2）	（3）	（4）
	全员	非农	工业	服务业
N	4560	4560	4560	4560
组内 R^2	0.822	0.819	0.731	0.814
F	303.004	288.078	200.355	247.133
Hausman	956.09	834.64	273.48	498.11
年度	控制	控制	控制	控制
地区	控制	控制	控制	控制

注：*、**、***分别表示在10%、5%、1%的水平上显著，模型（1）—（4）括号内数值为城市水平聚类标准误。

进一步分产业看［见模型（3）和模型（4）］，创新集聚对城市工业和服务业的劳动生产率都有明显的促进作用，而且对前者的影响高于后者，系数分别为1.379和1.068，这体现了技术市场对工业尤其是高技术产业发展发挥了更积极的作用（俞立平等，2021）。

三、知识产权的调节作用

从表6-6模型（1）和模型（2）的估计结果可以看出，加入创新集聚与知识产权乘积项之后，乘积项的影响系数都显著为正，但是系数值相对较小，分别为0.020和0.023。这说明，在知识产权保护水平较高的地区，创新集聚影响劳动生产率的作用相对较大。换句话说，随着城市知识产权保护水平的不断提高，创新集聚对城市经济发展质量的提升作用会更加明显，这与理论预期是一致的。

表6-6　知识产权的调节作用

项目	（1）全员	（2）非农	（3）工业	（4）服务业
$DAgg$	0.210***	0.215***	0.244***	0.164***
	(0.026)	(0.027)	(0.036)	(0.026)
$DAgg \times IPR$	0.020**	0.023***	−0.004	0.069***
	(0.008)	(0.008)	(0.011)	(0.008)
Inv	16.232***	19.021***	28.260***	6.625**
	(3.414)	(3.639)	(4.520)	(3.340)
$R\&D$	5.297***	4.838***	8.689***	1.925***
	(0.464)	(0.478)	(0.523)	(0.639)
Gov	1.354***	1.302***	1.337***	1.451***
	(0.210)	(0.217)	(0.257)	(0.247)
FDI	−0.012	−0.009	−0.002	−0.023
	(0.015)	(0.016)	(0.019)	(0.019)
Edu	0.882***	0.866***	0.789***	0.952***
	(0.241)	(0.240)	(0.295)	(0.248)
$Internet$	0.189***	0.198***	0.167***	0.225***
	(0.049)	(0.050)	(0.054)	(0.061)
$Infr$	0.148***	0.155***	0.187***	0.108***
	(0.024)	(0.025)	(0.028)	(0.027)
常数项	−0.996**	−1.068**	−1.344**	−0.888*
	(0.504)	(0.503)	(0.615)	(0.528)
N	4560	4560	4560	4560
组内 R^2	0.821	0.819	0.730	0.824

项目	(1)	(2)	(3)	(4)
	全员	非农	工业	服务业
F	296.333	288.958	200.523	252.366
Hausman	781.12	693.46	204.64	193.1
年度	控制	控制	控制	控制
地区	控制	控制	控制	控制

注：*、**、***分别表示在10%、5%、1%的水平上显著，模型（1）—（4）括号内数值为城市水平聚类标准误。

根据模型（3）和模型（4），进一步分析工业与服务业的影响效果发现，对于创新集聚对服务业劳动生产率的提升而言，知识产权保护起到了与全员劳动生产率一致的积极作用。但是对于对工业劳动生产率的提升而言，系数值为负但不显著。对此可能的解释是：一是，尽管各界对知识产权保护、技术创新和经济发展之间关系给予了很多关注，但是就知识产权保护的作用效果尚存较大的争议，形成了抑制论、促进论和非线性论等多元化的观点（顾晓燕等，2020）；二是，加强知识产权保护在激励创新的同时也抑制了模仿（Horii和Iwaisako，2007），导致技术溢出渠道缩减，创新的技术空间稀疏化，不利于创新集聚提升经济发展质量；三是，知识产权保护加强会加剧技术垄断，创新集聚会助推"专利丛林"生成，技术产业化会变得如同穿越丛林一般艰难（Shapiro和Carl，2001）。其结果是强化知识产权保护反而制约了创新集聚对经济发展质量提升作用的发挥。

本章小结

　　随着城市创新集聚程度的不断提高，其对经济发展质量的影响受到越来越多的关注。本章在理论分析创新集聚影响城市经济发展质量机理的基础上，采用2003—2018年中国285个地级及以上城市的面板数据，从内部渠道和外部环境的双重角度，分别采用中介效应模型和调节效应模型对城市创新集聚影响经济发展质量的作用机制进行了实证分析。

　　通过分析中介机制发现，无论是采用全员劳动生产率还是非农劳动生产率测度经济发展质量，创新集聚都通过就业结构、资本配置和创业活力等途径和机制显著正向影响城市劳动生产率，说明创新集聚可以通过优化就业结构、合理化资本配置和激发创业活力间接提升城市经济发展质量。进一步的分析表明，由于劳动力、资本和企业家在资源配置中的流动性、灵活度等方面存在差异，就业结构、资本配置和创业活力这三类中介效应占总效应的比例存在较大差异，具体为资本配置的贡献率最大，创业活力次之，就业结构最小。

　　通过分析调节机制发现，城市蔓延、技术市场和知识产权保护等城市环境对创新集聚对经济发展质量的提升都具有重要的影响。具体而言，一是城市蔓延会削弱创新集聚对经济发展质量的提升作用，相对于工业部门，城市蔓延对创新集聚对服务业劳动生产率提升的抑制作用更强。二是技术市场的发展能够促进创新集聚对城市经济发展质量作用的有效发挥，对工业尤其是高技术产业发展的作用更大。三是随着知识产权保护水平的不断提高，创新集聚对城市经济发展质量的提升作用更加明显，但是要防止知识产权的过度保护阻碍知识的共享和溢出，也可能促成后果更严重的专利丛林窘境，反而弱化创新集聚对经济发展质量的提升作用。

Chapter 07

第七章
城市创新集聚提升经济发展质量的
溢出效应

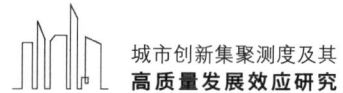
本章基于中国285个地级及以上城市2003—2018年面板数据，运用空间杜宾模型实证分析创新集聚对经济高质量发展的空间溢出效应及其边界条件，分别以地理邻接和地理距离构建空间权重矩阵，采用空间杜宾模型（Spatial Durbin Model，SDM）实证检验创新集聚对经济高质量发展的空间溢出效应。

第一节 ▶ 溢出效应的理论机制

一、创新集聚影响经济发展质量的溢出效应

创新集聚可能通过创新网络的拓展、科技人才的流动以及知识型产品贸易等途径推动周边地区经济高质量发展。随着网络技术的不断发展，技术检索和知识吸收等创新扩散环节的成本快速下降，很大程度上已经突破了地理阻隔，创新集聚的高质量发展效应可以惠及周边区域。此外，高速公路、高铁、航空等形成了便捷的交通网络，压缩了城市之间的时空距

离，极大提高了技术人员的流动性和面对面交流的便利性（何凌云和陶东杰，2020），技术人员的远程流动可以带动隐形知识运用于生产过程，从而促进区域经济高质量发展。最后，线上贸易和技术市场的不断发展加速了区域间的贸易往来与异地投资，为技术产业化溢出途径提供了载体和平台，有助于技术成果在生产和商业上的应用与扩散，进一步带动了其他地区相关产业的转型升级。

二、创新集聚影响经济发展质量的溢出边界

尽管受益于知识的可复制性与流动性，创新集聚已在很大程度上超越了地理限制，但是其溢出效果仍然受制于空间距离。第一，跨区域合作与交流、地区间贸易往来抑或是创新人员流动都可能随着距离的增加而提升各类成本，从而降低创新空间溢出的强度。第二，中国各地的创新生态系统存在较大差异，区域技术构成也存在很大的异质性，加上地方保护主义的作用，创新集聚的空间溢出效应可能受到行政边界的限制。第三，中国已经形成了京津冀、长三角、粤港澳等城市群，北京、上海、深圳等核心城市成为各城市群的创新枢纽，城市群内部各自通过创新合作、产业关联等途径将枢纽城市的技术向周边城市溢出，形成了技术专业化的城市群创新网络体系（周锐波等，2021），城市群之间的溢出效果也因此受阻。

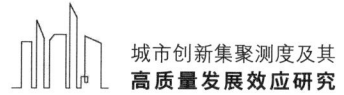
模型设定与数据说明

一、空间计量模型设定

为考察创新集聚对经济高质量发展的空间溢出效应，统筹考虑由空间
依赖性和空间误差项两个机制导致的空间自相关，构建空间杜宾模型。其
具体的表达式如下：

$$LP_{it} = \alpha + \rho W \cdot LP_{it} + \beta_1 DAgg_{it} + \beta_2 W \cdot DAgg_{it} + \beta_k X + \varepsilon_{it} \qquad (7-1)$$

式（7-1）中，LP_{it} 为 i 地区第 t 期的经济发展质量指标；α 为常数项；ρ
为空间自回归系数；W 为空间权重矩阵；$DAgg$ 为创新集聚的指数，β_1 为创
新集聚对经济高质量发展的弹性系数；β_2 为创新集聚对经济高质量发展的
空间溢出效应的弹性系数；X 为控制变量集；β_k 为控制变量集的弹性系数；
ε 为随机误差项。

二、空间权重矩阵与变量选取

空间权重矩阵表征了城市之间的相互依赖性和关联程度，是空间计量模型估计检验的关键变量。目前，既有文献根据研究目的主要从空间地理的距离、空间单元的邻接关系角度构建空间权重矩阵。考虑到本章主要考察城市之间的邻接关系、距离远近等地理关系在创新集聚影响经济高质量发展中的可能作用，在基准模型中采用是否相邻这一空间关系来构建空间权重矩阵。具体构建方式为：

$$W_{ij} = \begin{cases} 1, & \text{当城市 } i \text{ 和 城市} j \text{ 相邻} \\ 0, & \text{当城市 } i \text{ 和 城市} j \text{ 不相邻} \end{cases} \tag{7-2}$$

前文已经对经济发展质量、创新集聚等指标测度以及数据来源做说明，控制变量也相同。

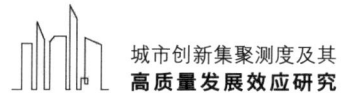

第三节 **实证结果分析**

一、空间相关性的检验结果

在开展计量检验之前，必须检验关键变量空间自相关性的存在性。为此，本章首先利用2003—2018年间的创新集聚、经济高质量发展等指标，采用空间邻接矩阵，分别计算各指标的Moran's I。

从表7-1可以看出，在2003—2018年间，我国的创新集聚和经济发展质量均呈现空间正相关，且都在1%的显著性水平上通过检验。这表明创新集聚和经济发展质量的空间分布都不是随机的，而是根据市域邻接特征表现出有序的联动趋势，从整体上看，创新集聚和经济发展质量都存在空间相关性的特征。因此，在实证分析经济发展质量的影响因素时，若将各市假定为一个独立的空间单元会导致回归偏误，故必须将空间相关性考虑在内。

表7-1　创新集聚与经济高质量发展的全局Moran's I指数值

year	LP		DAgg		year	LP		DAgg	
	Moran's I	Z值	Moran's I	Z值		Moran's I	Z值	Moran's I	Z值
2003	0.565***	14.016	0.200***	5.019	2011	0.430***	10.669	0.415***	10.293
2004	0.543***	13.470	0.221***	5.539	2012	0.397***	9.873	0.422***	10.462
2005	0.494***	12.273	0.255***	6.375	2013	0.355***	8.838	0.432***	10.721
2006	0.498***	12.350	0.282***	7.033	2014	0.362***	8.990	0.420***	10.445
2007	0.504***	12.515	0.324***	8.062	2015	0.357***	8.870	0.388***	9.655
2008	0.481***	11.938	0.354***	8.788	2016	0.364***	9.066	0.373***	9.283
2009	0.468***	11.628	0.376***	9.335	2017	0.386***	9.606	0.387***	9.634
2010	0.453***	11.248	0.394***	9.790	2018	0.393***	9.778	0.383***	9.544

注：*、**、***分别表示在10%、5%、1%的水平上显著。下同。

为了更加直观地显示创新集聚和经济发展质量的空间自相关性，本章利用空间邻接权重矩阵绘制了2018年的局域Moran's I散点图。图7-1分别展示了以空间滞后项 $W×DAgg$、$W×LP$ 作为纵轴和标准化的 $DAgg$、LP 作为横轴的Moran's I指数散点图。其中，$DAgg$ 为创新集聚的程度，$W×DAgg$ 表示相邻城市 $DAgg$ 的加权平均值。图中将标准化的创新集聚数值及其空间滞后值分为4个象限，从而展示空间集聚的格局。总体来看，处于HL和LH象限的城市相对较少，城市主要集中在HH和LL象限，进一步表明创新集聚在空间上并非随机分布，而是呈现"高高低低"聚类现象。同样，LP 为经济发展质量，$W×LP$ 表示相邻城市经济发展质量的加权平均值，也将经济发展质量及其空间滞后值分为4个象限。总体而言，与创新集聚一样，经济发展质量处于HL和LH象限的城市相对较少，呈现出正向聚类现象。

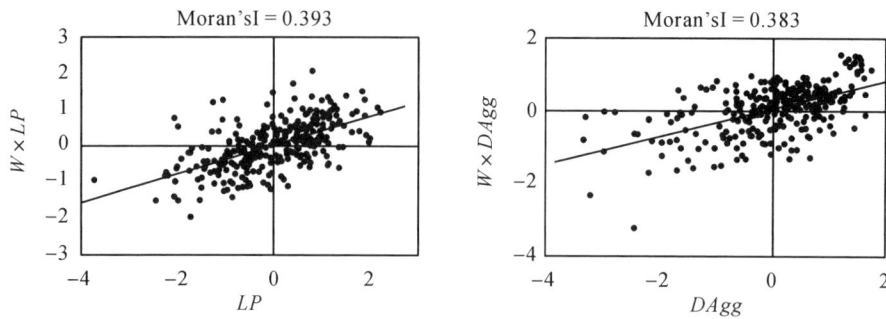

图7-1 2018年创新集聚和经济发展质量的Moran散点图

上述分析进一步表明，有必要从空间的相关性出发，尤其是城市是否邻接的角度出发，对创新集聚是否通过空间溢出的途径影响经济高质量发展进行空间计量分析。

二、模型设定检验与模型选取

在对模型进行计量分析之前，必须对具体模型选用的合理性进行判断。空间计量模型主要包括空间自相关面板模型（Spatial Autoregressive Model，SAR）、空间误差面板模型（Spatial Error Model，SEM）和兼具自相关与误差项相关的空间杜宾模型，接下来根据相应检验指标进行判定。

表7-2 模型检验结果

检验	统计量	P值	检验	统计量	P值
LM lag	1102.40	0.00	LR lag test	544.71	0.00
Robust LM lag	1126.71	0.00	LR error test	919.57	0.00
LM error	3.10	0.07	Wald lag test	11.52	0.00
Robust LM error	27.41	0.00	Hausman test	4417.12	0.00

根据表7-2的检验结果：（1）LM lag test 和 Robust LM lag test 以及 LM error test 和 Robust LM error test 四个检验均在至少5%的显著性水平上拒绝了不考虑空间效应的原假设，即适合选择空间计量模型。（2）LR lag test 和 LR error test 两个似然检验均在1%的显著性水平上拒绝原假设，说明采用SDM模型优于SAR模型和SEM模型。（3）Wald检验在1%的显著性水平上拒绝了自变量空间滞后项是否显著为0的原假设，说明SDM没有退化为SAR。（4）Hausman检验在1%的显著性水平上拒绝随机效应与固定效应模型之间无差别的原假设，说明应选取固定效应模型。综上，本章应该采用固定效应SDM模型。

三、整体层面的估计结果

为了便于对比，结果中将SEM模型和SAR模型的估计结果也同表给出。从表7-3可以看出，在SAR、SEM和SDM三类空间计量模型中，空间自回归系数和空间误差项系数都显著为正数，且在1%的显著性水平上通过了检验。进一步说明，我国各城市的创新集聚水平并非相互独立的，恰是存在显著的空间相关性，这与前文全局Moran's I指数及Moran散点图的结果是一致的。进一步地，通过比较三类空间计量模型的修正后可决系数（R^2）、AIC和BIC指标以及极大似然值（LogL）可以发现，SDM的估计结果在多项评价指标上都优于SAR和SEM，说明本章选用空间杜宾模型开展分析是合理的。

表7-3报告了采用地理邻接权重矩阵，创新集聚对经济高质量发展影响的空间杜宾模型的估计结果。从SDM的核心解释变量 $DAgg$ 的估计结果来看，其直接效应系数值为0.120，且在1%的水平上显著为正，表明创新集聚可以通过直接渠道推动经济高质量发展。同时，空间杜宾模型给出了

创新集聚空间滞后项($W \times DAgg$)的估计结果，该系数值为0.127，且也显著为正，说明周边地区创新集聚程度的提高，有助于促进本地区经济高质量发展，也就是说，创新集聚对经济发展质量具有显著的空间溢出效应。

表7-3　空间溢出效应估计结果

项目	SDM	SAR	SEM
DAgg	0.120***	0.170***	0.111***
	(0.007)	(0.006)	(0.007)
Inv	7.754***	10.315***	6.926***
	(1.082)	(1.084)	(1.224)
R&D	4.825***	4.485***	5.409***
	(0.104)	(0.103)	(0.106)
Gov	0.220**	0.416***	0.121
	(0.076)	(0.076)	(0.087)
FDI	−0.008	−0.015**	−0.004
	(0.006)	(0.006)	(0.006)
Edu	0.272***	0.389***	0.301***
	(0.073)	(0.074)	(0.079)
Internet	−0.034**	0.039**	−0.127***
	(0.015)	(0.014)	(0.016)
Infr	0.062***	0.074***	0.051***
	(0.008)	(0.009)	(0.008)
$W \times DAgg$	0.127***		
	(0.009)		
ρ/λ	0.583***	0.618***	0.900***
	(0.011)	(0.011)	(0.005)

项目	SDM	SAR	SEM
AIC	−5864.01	−5659.50	−5263.07
BIC	−5793.33	−5595.24	−5198.82
$logL$	3145.73	2573.72	2552.89
N	4560	4560	4560
R^2	0.379	0.317	0.036

四、分区域的估计结果

考虑到地区间的发展差异，为进一步考察创新集聚对不同地区经济高质量发展的影响，将285个城市分为东、中、西三个样本组，仍采用空间杜宾模型进行回归。

从表7-4可以看出，创新集聚对东部地区经济高质量发展的提升作用最为明显，其后依次为西部地区和中部地区。但是，从空间溢出效应看，东、中、西三组的系数和显著性相去甚远，这主要与创新集聚的发展阶段有关。东部地区创新发展起步较早，创新集聚的专业化程度高、区域特征明显，其结果是，一方面，创新集聚对本地经济高质量发展的促进效应非常显著，另一方面，创新集聚会导致城市之间的技术专业化方向不同，从而使城市之间的溢出效应不明显。中部地区正处于创新集聚的技术转换阶段，创新要素加速流动、区域竞争明显，但是创新集聚的专业化程度不高，其结果是，一方面，创新集聚对本地经济高质量发展起到了积极的促进作用，另一方面，城市之间更多表现为以邻为壑的技术竞争，反而制约了周边城市的经济高质量发展，呈现负向溢出效应。西部地区由于企业、人才与资本的制约，各城市的技术总量不高、门类稀少，大量城市尚未形

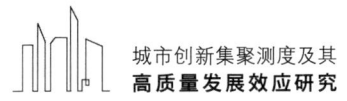

成创新集聚态势，区域技术专业化方向尚未明确，城市之间更多表现为成熟技术之间的合作与共享，从而既促进了本地经济高质量发展，也推动了周边城市的经济高质量发展。

表7-4 空间溢出效应的地区异质性

项目	东部地区	中部地区	西部地区
$DAgg$	0.200***	0.030**	0.155***
	(0.012)	(0.011)	(0.012)
Inv	15.210***	−5.369**	8.825***
	(2.209)	(2.142)	(1.711)
$R\&D$	5.991***	5.483***	4.160***
	(0.192)	(0.159)	(0.203)
Gov	0.907***	−0.516***	0.401***
	(0.183)	(0.129)	(0.114)
FDI	−0.028**	0.027**	−0.014
	(0.009)	(0.009)	(0.013)
Edu	0.067	−0.217*	0.828***
	(0.112)	(0.119)	(0.157)
$Internet$	−0.095***	−0.059**	0.016
	(0.024)	(0.027)	(0.028)
$Infr$	0.046**	0.024*	0.163***
	(0.014)	(0.013)	(0.016)
$W \times DAgg$	0.152	−0.200***	0.050**
	(0.214)	(0.021)	(0.016)
ρ/λ	0.465***	0.818***	0.491***
	(0.019)	(0.023)	(0.022)

项目	东部地区	中部地区	西部地区
AIC	−2133.29	−2526.51	−1598.49
BIC	−2074.02	−2467.35	−1541.25
$logL$	1339.60	1304.77	500.03
N	1616	1600	1344
R^2	0.217	0.589	0.241

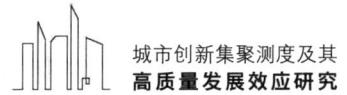

第四节 **随地理距离变化的空间
溢出效应**

　　基于前文的分析，为进一步考察创新集聚的空间溢出效应与地理距离的关系，也就是溢出效应是否会随着地理距离的延长而产生阶段性特征，有必要根据地理距离设置不同的空间权重矩阵，从而揭示溢出效应与空间距离的关系。为此，采用与余泳泽等（2016）相似的思路构建空间权重矩阵。具体设置方法为：

$$W_{ij} = \begin{cases} 1/d_{ij}, & 当 d_{ij} \geqslant d \\ 0, & 当 d_{ij} < d \end{cases} \quad （7\text{-}3）$$

　　式（7-3）中，d_{ij} 取值为城市 i 和城市 j 的球面距离，并通过矩阵行加权进行标准化，设置对角线为 0。d 表示空间阈值，在阈值范围内时，权重矩阵元素为两地距离的倒数，不在阈值范围内则为 0。考虑到我国两城市最近距离为 60 千米左右，设置初始值为 50 千米，并以 50 千米作为步长逐步延长至 2000 千米，从而构建了 40 个连续的空间权重矩阵。接着，将空间权重矩阵代入空间计量模型开展连续回归，得到 40 组空间外溢系数，并根据 t 统计量计算相应 p 值。空间外溢系数与距离变化的关系如图 7-2 所示。

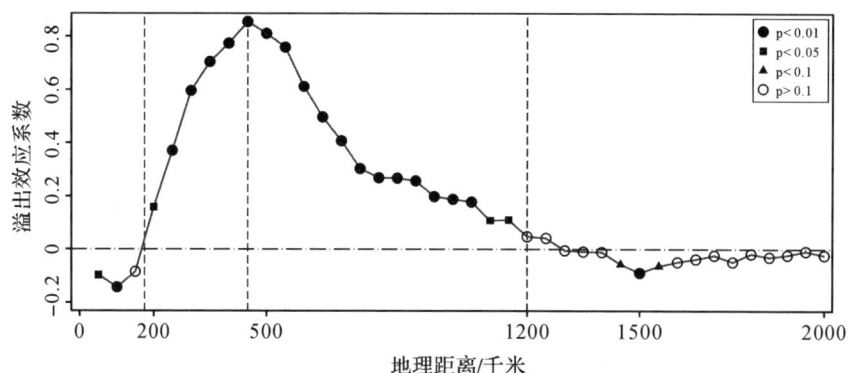

图7-2　空间外溢效应的衰减边界：外溢系数与地理距离的关系

通过观察图7-2可知，根据空间溢出系数的变化，形成了四个区间。第一个区间为200千米以内，该区间空间溢出的正负效应都非常明显。一方面，由于地理邻近，城市间的各种交流学习非常频繁，尤其是同省的城市之间的知识互动更加便利，从而促进正向的知识溢出；另一方面，知识产权保护不力、行业协会跨市维权受阻等原因，使一些核心技术被盗用的风险较大，这在创新发展水平较高的东部地区尤为明显，从而引起以邻为壑式的创新保护、过强的同行业保护协议等，反而阻碍近距离城市间的知识溢出。

第二个区间为200千米至500千米，该区域的空间溢出效应较为密集，溢出系数从最初的负值升至0.7左右，该距离基本属于省内及近邻省市的辐射区。该区间的溢出效应呈现出快速上升趋势的主要原因在于：一方面，开展技术合作的渠道比较多，如区域间的科创飞地等创新合作模式就处在该距离范围内；另一方面，以邻为壑式的负向溢出效应随距离快速下降，较近距离的科创人才流动、技术交易和产学研合作等活动的综合成本尚未大幅上升。

第三个区间是500千米至1200千米，该距离区间的空间溢出效果呈现震荡下降的趋势，从系数的最高值下降到0.1左右。这表明，1200千米以内，创新集聚的溢出效应还非常显著，超出该范围则出现了明显的下降。下降的原因主要有两个方面：一是随着距离的增加，无论是隐形知识的溢出还是各类创新主体跨地区合作都会越来越耗时耗力，各类知识溢出的成本随之增加，影响了溢出效果；二是各地大城市尤其是以北京、上海、深圳等为代表的城市，分别位于京津冀、长三角、粤港澳等城市群的核心位置，按照创新辐射的半径等于两个创新中心距离一半的计算方法，600千米恰好是重要创新型城市之间距离的一半，这也是溢出效果随距离下降的重要原因。

第四个区间是超过1200千米，该区间的溢出系数尽管为正，但是没有通过10%显著性水平的检验。其背后的原因，可能与上文所提的城市群的空间格局有关系。该距离已经接近甚至超过了不少城市群中心城市之间的距离。如果从更细致的中国八大经济区的角度看，各经济区的空间距离基本上小于1000千米，1200千米的阈值实际上超出了创新集聚所能辐射的最大空间距离，结果表现为溢出效应不显著。

综上可以看出，创新集聚对经济高质量发展的空间溢出效应会随地理距离的增加先升后降，并存在与城市群相关的有效边界，这表明城市之间的地理距离对于创新集聚对经济高质量发展的作用具有较大的影响。

第五节 **本章小结**

本章从创新集聚的经济高质量发展效应出发，在分析了影响机制和溢出效应的基础上，利用中国285个地级及以上城市2003—2018年的统计数据，分别以地理邻接和地理距离构建空间权重矩阵，采用空间杜宾模型实证检验了创新集聚对经济高质量发展的空间溢出效应。

空间溢出效应的实证经验表明，不仅创新集聚可以促进本地经济高质量发展，周边地区创新集聚程度的提高也有助于促进本地区经济高质量发展，也就是说，创新集聚对经济发展质量的作用具有显著的空间溢出效应。同时，创新集聚对经济高质量发展的作用的空间溢出效应会随地理距离的增加先升后降，呈现倒U形的变动趋势，并存在与城市群相关的有效边界，这表明城市之间的地理距离对于创新集聚对经济高质量发展的作用具有较大的影响。

Chapter 08

第八章
主要结论与政策启示

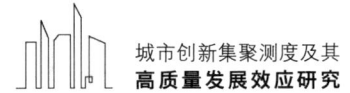
第一节 **主要结论**

　　本研究从"地理—技术"双重集聚的视角开展城市创新集聚的测度研究，从异质性、影响机制等多个层面开展城市创新集聚影响经济发展质量的实证分析，以期让创新在地理空间层面集聚成"群"、在技术空间层面集聚成"网"，从而为推动经济高质量发展提供理论支撑和政策参考。总体来看，本研究主要得出了以下结论：

　　第一，城市创新集聚是地理集聚和技术集聚的叠加，具有技术多样性、技术关联性、技术普遍性三个主要特征，共同决定经济发展质量。

　　理论上，创新是一系列相互关联的异质性技术"串"起来形成新技术的"搭积木"过程，缺少某一必要技术，无论其他要素的投入量多寡，创新都难以开展。城市创新集聚是地理空间和技术空间的双重集聚，具有技术多样性、技术关联性、技术普遍性三个主要特征，经济发展质量是由创新集聚的三个主要特征共同决定的；对于不同发展阶段和不同规模的城市，技术的多样性、关联性和普遍性对创新集聚的动态发展及对经济发展质量的提升作用是不同的。

　　第二，中国城市创新持续快速发展，城市创新具有显著的地理集聚特征；创新的地理集聚程度具有技术异质性特征，电气工程等新兴技术的创新地理集聚特征和趋势更加明显。

中国创新的地理分布越来越向大城市集聚，这样的集聚规律在2001年加入WTO到2008年国际金融危机爆发期间尤其明显；自2009年以来，城市创新的地理集聚格局比较稳定。具体而言：一是在中国城市创新水平持续提高的背景下，创新地理集聚有所强化，且东、中、西各地区的强化趋势差异较大；细分技术领域的差异也非常显著，电气工程、仪器等领域和其他领域集聚趋势特别明显。二是城市创新地理集聚的空间格局比较稳定，但是高水平创新城市数量逐渐增加，这在东部地区尤为突出；越来越多的城市积极发展电气工程等新兴技术领域，但是规模总量还较小，头部创新城市的数量相对较少。三是城市创新地理集聚的差异主要来源于区域间，区域内的差异相对较小，并且这一差异格局比较稳定；各类差异的贡献率在不同技术领域呈现出异质性，突出表现为电气工程等领域的区域间差异远大于其他技术领域。

第三，城市创新集聚指标具有"地理—技术"双重集聚内涵，包含创新集聚的技术普遍性、多样性和关联性三个关键因素。中国的技术空间日趋稠密，城市创新集聚程度逐年提高，且存在"俱乐部趋同"的现象。

城市创新集聚指标具有"地理—技术"双重集聚内涵，包含了技术普遍性、技术多样性和技术关联性三个关键因素。样本数据选取上，本书选用国家知识产权局发明专利申请的微观数据测度城市创新集聚具有较强的合理性，样本包含了1985—2018年10072416件国家知识产权局公开公布的专利数据，具有良好的代表性。技术空间显示，创新集聚具有很强的技术关联性，位于技术空间中心位置的技术节点与更多的其他节点关联，技术关联在技术空间中呈现化工等传统技术领域和电气工程、仪器等新兴技术分块集聚的现象。

城市创新集聚的空间格局上，一是技术空间日趋稠密，城市创新集聚程度越来越高。1985年，城市创新集聚程度较低，绝大部分城市为低水平区域，仅有北京和上海的创新集聚程度为中低水平。至2018年，高水平组达22市，中高水平组达63市，中等水平组为117市，中低水平和低水平组分别是62市和21市，城市创新集聚程度呈现整体跃升趋势。二是城市创新集聚程度呈现路径依赖性特征，处于不同创新集聚程度组之间的城市间，发生创新转移的可能性很小，存在"俱乐部趋同"的现象。

第四，城市创新集聚能显著提升经济发展质量，这一结论通过内生性以及稳健性检验后，结论依然成立。提升效果存在异质性，东部地区、规模大和非中心的城市提升效果大；金融危机抑制了提升效果，党的十八大以后实施的创新战略的效果明显；效率提升的边际效应是递减的。

城市创新集聚的经济发展质量提升作用非常显著，这一结论通过工具变量处理内生性以及多重稳健性检验后，依然成立。异质性研究表明，创新集聚的经济发展质量提升作用在东部地区最强，西部地区次之，中部地区最小，即呈现中部洼地格局；城市规模越大，创新集聚对经济发展质量提升的作用越强，即从系数大小上呈现"特大城市>大城市>中小城市"的格局；非中心城市的创新集聚效率提升效果高于中心城市，具有"大省份小省会"现象；金融危机影响创新集聚对经济发展质量提升的作用，表现为金融危机以后创新集聚对城市经济发展质量的提升作用明显减弱。党的十八大提出实施创新驱动发展战略以来，相关的创新支持政策有效推动了创新集聚对经济发展质量的促进作用。创新集聚对处在低效率组城市的作用明显强于其他，创新集聚影响经济发展质量的边际效应是递减的。

第五，城市创新集聚对经济发展质量的提升受内部渠道、外部环境和溢出边界的多重影响。从内部渠道看，创新集聚可以通过优化就业结构、合理化资本配置和激发创业活力间接提升城市经济发展质量；从外部环境看，城市蔓延、技术市场和知识产权保护等城市环境对创新集聚的效率提升效果都有重要的影响；从空间溢出看，创新集聚对经济发展质量具有显著的空间溢出效应，而且空间溢出效应会随地理距离的增加先升后降，呈现倒 U 形的变动趋势，并存在与城市群相关的有效边界。

根据内部渠道，创新集聚可以通过优化就业结构、合理化资本配置和激发创业活力而间接提升城市经济发展质量。究其原因，是由于劳动力、资本和企业家在资源配置中的流动性、灵活度等方面的差异，使就业结构、资本配置和创业活力这三类中介效应占总效应的比例存在较大差异，具体为资本配置的贡献率最大，创业活力次之，就业结构最小。

同时，城市蔓延、技术市场和知识产权保护等城市环境对创新集聚对经济发展质量提升的效果都产生重要的影响。具体而言，一是城市蔓延会削弱创新集聚对经济发展质量的提升作用，相对于制造业部门，城市蔓延对创新集聚对服务业劳动生产率提升的抑制作用更强。二是技术市场的发展能够促进创新集聚提升城市经济发展质量作用的效果，对制造业尤其是高技术产业发展发挥的作用更大。三是随着城市知识产权保护水平的不断提高，创新集聚对城市经济发展质量的提升作用更加明显。但是知识产权的过度保护可能阻碍知识的共享和溢出，也可能造成更严重的"专利丛林"现象，反而弱化创新集聚对经济发展质量的提升作用。

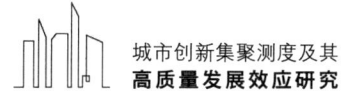
第二节	**政策启示**

基于上述研究结论，如何推进创新的"地理—技术"双重集聚？创新集聚驱动经济高质量发展过程中，如何合理兼顾异质性和渠道的作用？针对上述问题提出以下政策启示：

第一，优化创新目标导向，因地制宜地推动城市创新集聚。丰富创新集聚的政策视角，使创新从地理空间集聚向"地理—技术"双重集聚转变，既要注重使创新活动在空间层面集聚成"群"，结合城市经济发展阶段、创新资源禀赋等实际情况，围绕城市创新体系的优势技术、技术前沿领域、产业链需求方向等，因地制宜地集聚相互关联的创新资源和科创人才，更要让创新活动在技术层面集聚成"链"成"网"，充分发挥创新集聚在推动技术进步和经济发展上的整体效能。

第二，优化创新载体平台，梯次有序地建设创新空间体系。创新载体和创新平台往往以城市或城市群的重大发展战略需求为建设方向，具有明确的技术路线和持续的创新投入，是兼具"地理—技术"双重集聚的创新空间，能较好地规避城市蔓延等不利因素对创新集聚的影响。为此，要以城市创新需求为导向，以现有创新载体和平台的创新能级为基础，重点打造由新型研发机构、高新区、科创走廊、自主创新示范区、创新策源地等组成的梯次分明的创新空间体系，优化创新资源配置。

第三，推进要素市场化配置，让创新要素有序流动。创新人才、科创资金和企业家精神等创新资源和要素是创新集聚推动城市经济发展质量提升的重要因素。因此，要以科技面向经济社会发展为导向，充分发挥市场对创新要素资源配置的决定性作用。要以创新地理边界趋弱、创新要素流动日益便捷、创新的技术关联日趋稠密为契机，着力破除阻碍创新人才、科创资本等创新要素合理流动的体制机制障碍，改革人才引进、激励、发展和评价机制，强化创新创业激励导向，破除制约科技成果转移扩散的障碍，充分释放创新集聚对城市高质量发展的促进作用。

第四，优化创新生态环境，完善科技创新服务体系。知识产权保护、技术市场乃至城市紧凑度等都是影响创新集聚效能发挥的创新生态环境因素。因此，要更好地发挥政府在推动创新发展过程中的引导作用。积极倡导创新文化，深入推进数字化改革，强化知识产权的创造、保护和运用；积极培育发展科技服务新业态，大力支持科技研发、互联网和软件等新兴服务业的发展；发展线上线下相融合的技术交易市场，积极推进大数据、云计算等先进技术发展，完善技术转移与交易、成果转化与产业化的科技服务体系，引导科技服务机构创新服务模式和商业模式，推进全链条、全方位的科技服务体系建设。

第五，推动创新要素的合理流动，科学规划区域创新发展战略。为充分发挥创新集聚对经济高质量发展的提升作用和空间溢出效应，一是要打破区域藩篱，弱化地理距离对创新空间溢出的制约，减少地区间要素流动、知识共享和技术产业化的障碍，确保创新要素能够向配置效率更高的周边地区自由、有序地流动。二是要完善创新要素在地区间的互动机制，建立起完善的网络化、多层次的科技创新体系，强调城市之间的协同创新，提高创新要素的城际交互作用。三是兼顾"城市群"创新中心建设和不同城市的技术优势领域强化，避免盲目多元化可能导致的创新资源浪费和效率损失。对于上海、北京、深圳等城市群的核心城市而言，应当从城市群整体层面和未来发展格局的角度整合资源，重在通过创新集聚提升创新能级；对于城市群中的中小城市而言，重在更深层次地融入城市群，促进创新资源跨区域合理流动，最大限度地接受核心城市创新集聚的溢出效应。

参考文献

［1］ABRAMO G,D'ANGELO C A,COSTA F D. The role of geographical proximity in knowledge diffusion,measured by citations to scientific literature ［J］. Journal of Informetrics,2020,14(1):1-15.

［2］ACS Z J,ANSELIN L,VARGA A. Patents and innovation counts as measures of regional production of new knowledge［J］. Research policy,2002,31(7): 1069-1085.

［3］ADAMS J D. Comparative localization of academic and industrial spillovers［J］. Journal of economic geography,2002,2(3):253-278.

［4］ADAMS J D. Fundamental stocks of knowledge and productivity growth ［J］. The journal of political economy,1990,98(4):673-702.

［5］AGHION P,JARAVEL X. Knowledge spillovers,innovation and growth ［J］. The economic journal,2015,125(583):533-573.

［6］AIROLDI A,JANETTI G B,GAMBARDELLA A. The impact of urban structure on the location of producer services ［J］. Service industries journal, 1997,17(1):91-114.

［7］ALEXANDER G,STEPHEN H,ROSS L. An empirical examination of patent holdup ［J］. Journal of competition law & economics, 2015, 11 (3): 549-578.

［8］AM A,PS B,VP C. From regional innovation systems to global innovation hubs:evidence of a quadruple helix from an emerging economy［J］. Journal of business research,2020.

[9]ASHEIM B O R T,ISAKSEN A. Regional innovation systems:the integration of local 'Sticky' and global 'Ubiquitous' knowledge[J]. The journal of technology transfer,2002,27(1):77-86.

[10]ASHEIM B O R,COENEN L,VANG J. Face-to-face,buzz,and knowledge bases:sociocracies implications for learning,innovation,and innovation policy[J]. Environment and planning c:government and policy, 2007, 25 (5): 655-670.

[11]ASHEIM,BJORN,VANG. Regional innovation systems in asian countries:a new way of exploiting the benefits of transnational corporations.[J]. Innovation,2006,8(1-2):27-44.

[12]AU C,HENDERSON J V. Are chinese cities too small?[J]. The review of economic studies,2006,73(3):549-576.

[13]AUDRETSCH D B,BELITSKI M,CAIAZZA R. Start-ups,innovation and knowledge spillovers[J]. The journal of technology transfer,2021(1):1-22.

[14]AUDRETSCH D B,FELDMAN M P. R&D spillovers and the geography of innovation and production[J]. American economic review,1996,86(3): 630-640.

[15]AUDRETSCH D B,KEILBACH M. Entrepreneurship capital and regional growth[J]. Social science electronic publishing,2005,39(3):457-469.

[16]AUDRETSCH D B. Agglomeration and the location of innovative activity[J]. Oxford Review of Economic Policy,1998,14(2):18-29.

[17]BALASSA B. Trade liberalization and revealed comparative advantage [J]. Manchester school,1965,33(2):99-123.

[18]BALLAND P,BOSCHMA R,CRESPO J. Smart specialization policy in

the European Union：relatedness，knowledge complexity and regional diversification[J]. Regional studies，2018(4)：1-17.

[19]BALLAND P，BOSCHMA R，FRENKEN K. Proximity and innovation：from statics to dynamics[J]. Regional studies，2015,49(6)：907-920.

[20]BARCENILLA S，GIMENEZ G，LOPEZ-PUEYO C. Differences in total factor productivity growth in the European Union：the role of human capital by income level[J]. Prague economic papers，2019，preprint.

[21]BARON R M，KENNY D A. The moderator-mediator variable distinction in social psychological research：conceptual，strategic，and statistical considerations[J]. 1986,51(6)：1173-1182.

[22]BARZOTTOA M，CORRADINIB C，FAIC F M. Enhancing innovative capabilities in lagging regions：an extra-regional collaborative approach to RIS3 [J]. Cambridge journal of regions，economy and society，2019,12(2)：213-232.

[23]BELITSKI M，CAIAZZA R，LEHMANN E E. Knowledge frontiers and boundaries in entrepreneurship research[J]. Small business economics，2021,56 (2)：521-531.

[24]BENNAT T，STERNBERG R. Knowledge Bases in German regions：what hinders combinatorial knowledge dynamics and how regional innovation policies may help[J]. European planning studies，2020,28(2)：319-339.

[25]BERLIANT M，REED Ⅲ R R，WANG P. Knowledge exchange，matching，and agglomeration[J]. Journal of urban economics，2006,60(1)：69-95.

[26]BETTENCOURT L I S M，LOBO J E，HELBING D. Growth，innovation，scaling，and the pace of life in cities[J]. Proceedings of the nationalacademy of sciences，2007,104(17)：7301-7306.

[27]BIRCH E L. Downtown in the "New American City" [J]. The annals of

the American academy of political and social science,2009,626(1):134–153.

[28]BLACK D,HENDERSON V. A theory of urban growth[J]. The journal of political economy,1999,107(2):252–284.

[29]BOSCHMA R,ERIKSSON R H,LINDGREN U. Labour market externalities and regional growth in sweden:the importance of labour mobility between skill-related industries[J]. Regional studies,2014,48(10):1669–1690.

[30]BOSCHMA R,FRENKEN K,BATHELT H. Technological relatedness and regional branching[M]. London:Routledge,2012,64–81.

[31]BOSCHMA R. Relatedness as driver of regional diversification:a research agenda[J]. Regional studies,2017,51(3):351–364.

[32]BROEKEL T,FORNAHL D,MORRISON A. Another cluster premium: innovation subsidies and R&D collaboration networks[J]. Research policy,2015, 44(8):1431–1444.

[33]BRUMMITT C D,HUREMOVIĆ K,PIN P. Contagious disruptions and complexity traps in economic development[J]. Nature human behaviour,2017,1 (9):665–672.

[34]BUZARD K,CARLINO G A,HUNT R M. The agglomeration of American R&D Labs[J]. Journal of urban economics,2017,101(2):14–26.

[35]BUZARD K,CARLINO G. The geography of research and development activity in the us localized knowledge spillovers:evidence from the agglomeration of American R&D labs and patent data[M]. London:Edward Elgar,2013,389.

[36]CALOFFI A,MARIANI M. Regional policy mixes for enterprise and innovation:a fuzzy-set clustering approach[J]. Environment and planning C:politics and space,2018,36(1):28–46.

[37]CAPELLO R,LENZI C. Regional innovation patterns from an evolu-

tionary perspective[J]. Regional studies,2018,52(2):159-171.

[38] CAPELLO R, LENZI C. Spatial heterogeneity in knowledge, innovation, and economic growth nexus: conceptual reflections and empirical evidence [J]. Journal of regional sciencee,2014,54(2):186-214.

[39] CARLINO G, KERR W R. Agglomeration and innovation[M]. Amsterdam: North-Holland,2015.

[40] CARRINCAZEAUX C, LUNG Y, RALLET A. Proximity and localisation of corporate R&D activities[J]. Research policy,2001,30(5):777-789.

[41] CHATTERJI A, GLAESER E, KERR W. Clusters of entrepreneurship and innovation[J]. Innovation policy and the economy,2014,14(1):129-166.

[42] COLOMBELLI A, KRAFFT J, QUATRARO F. The emergence of new technology-based sectors in European regions: a proximity-based analysis of nanotechnology[J]. Research policy,2014,43(10):1681-1696.

[43] COOKE P. Regional innovation systems: competitive regulation in the new Europe[J]. Geoforum,1992,23(3):365-382.

[44] DAGUM C. A New approach to the decomposition of the Gini income inequality ratio[J]. Empirical economics,1997,22(4):515-531.

[45] DE NONI I, ORSI L, BELUSSI F. The role of collaborative networks in supporting the innovation performances of lagging-behind European regions [J]. Research policy,2018,47(1):1-13.

[46] DURANTON G, OVERMAN H G. Testing for localization using micro-geographic data[J]. Review of economic studies,2005,72(4):1077-1106.

[47] EHRL P, MONASTERIO L. Spatial skill concentration agglomeration economies[J]. Journal of regional sciencee,2020,61(1):140-161.

[48] ELLISON G, GLAESER E L. Geographic concentration in U.S. manu-

facturing industries: a dartboard approach[J]. Journal of political economy, 1997, 105(5):889-927.

[49]ERIKSSON R, RODRIGUEZ-POSE A. Job-related mobility and plant performance in Sweden[J]. Cepr discussion papers, 2017, 83(3):39-49.

[50]FALLICK B, FLEISCHMAN C A, REBITZER J B. Job-hopping in silicon valley: some evidence concerning the microfoundations of a high-technology cluster[J]. The review of economics and statistics, 2006, 88(3):472-481.

[51]FELDMAN M P, AUDRETSCH D B. Innovation in cities: science-based diversity, specialization and localized competition[J]. European economic review, 1999, 43(2):409-429.

[52]FELDMAN M P, KOGLER D F. Stylized facts in the geography of innovation[M]. Handbook of the Economics of Innovation, Elsevier, 2010, 381-410.

[53]FELDMAN M P. The geography of innovation[M]. The Netherland: Kluwer Academic Publisners, 1994.

[54]FELDMAN M P. The new economics of innovation, spillovers and agglomeration: a review of empirical studies[J]. Economics of Innovation and New Technology, 1999, 8(1-2):5-25.

[55]FELDMAN M, KOGLER D, RIGBY D. Knowledge: the spatial diffusion of rDNA methods[J]. Regional studies, 2015, 49(5):798-817.

[56]FIGUEIREDO O A V, GUIMAR A ES P, WOODWARD D. Industry localization, distance decay, and knowledge spillovers: following the patent paper trail[J]. Journal of urban economics, 2015, 89(9):21-31.

[57]FLEMING L, SORENSON O. Technology as a complex adaptive system: evidence from patent data[J]. Research policy, 2001, 30(7):1019-1039.

[58]FORNAHL D, BRENNER T. Geographic concentration of innovative

activities in germany[J]. STRUCTURAL CHANGE AND ECONOMIC DYNAM-ICS,2009,20(3):163-182.

[59]FREEDMAN M L. Job hopping, earnings dynamics, and industrial ag-glomeration in the software publishing industry[J]. Journal of urban economics,2008,64(3):590-600.

[60]FRENKEN K,IZQUIERDO L R,ZEPPINI P. branching innovation, re-combinant innovation, and endogenous technological transitions[J]. Environmen-tal innovation and societal transitions,2012,4(9):25-35.

[61]FRITSCH M,WYRWICH M. The effect of entrepreneurship on eco-nomic development – an empirical analysis using regional entrepreneurship cul-ture[J]. Journal of economic geography,2017,17(1):157-189.

[62]FUJITA M. Towards the new economic geography in the brain power so-ciety[J]. Regional science and urban economics,2007,37(4):482-490.

[63]FURMAN J L,PORTER M E,STERN S. The determinants of national innovative capacity[J]. Research policy,2002,31(6):899-933.

[64]GERLACH H,RØNDE T,STAHL K. Labor pooling in R&D intensive industries[J]. Journal of urban economics,2009,65(1):99-111.

[65]GERTNER J. The idea factory:bell labs and the great age of American innovation[M]. Penguin,2012.

[66]GINARTE J C,PARK W G. Determinants of patent right:a cross-na-tional study[J]. Research policy,1997,26(3):283-301.

[67]GLAESER E L,HEDI D K,JOSE A S. Growth in cities[J]. Journal of political economy,1992,100(6):1126-1152.

[68]GLAESER E L,KERR S P,KERR W R. Entrepreneurship and urban growth:an empirical assessment with historical mines[J]. Review of economics

and statistics,2015,97(2):498-520.

[69]GLAESER E L. Entrepreneurship and the City[R]. SSRN Electronic Journal,2007.

[70]GNYAWALI D R,MADHAVAN R,HE J. The competition-cooperation paradox in inter-firm relationships:a conceptual framework[J]. Industrial marketing management,2016,53(2):7-18.

[71]GONZÁLEZ-PERNÍA J L,PEÑA-LEGAZKUE I,VENDRELL-HER-RERO F. Innovation,entrepreneurial activity and competitiveness at a sub-national level[J]. small business economics,2012,39(3):561-574.

[72]GREENWOOD J,SMITH B D. Financial markets in development,and the development of financial markets[J]. Journal of economic dynamics & control,1997,21(1):145-181.

[73]GRILICHES Z. Patent statistics as economic indicators:a survey[M]. R&D and productivity:the econometric evidence,National Bureau of Economic Research,Inc,1998:287-343.

[74]GRILLITSCH M,CHAMINADE C,etal. Does institutional diversity promote global innovation networks?[Z]. Lund University,CIRCLE-Center for Innovation,Research and Competences in the Learning Economy,2016.

[75]GRUPP H,SCHMOCH U. Perceptions of scientification of innovation as measured by referencing between patents and papers:dynamics of science-based innovation[M]. Dynamics of Science-Based Innovation,H G,Berlin,Heidelberg:Springer,1992:73-128.

[76]HALBERT L. Collaborative and collective:reflexive co-ordination and the dynamics of open innovation in the digital industry clusters of the paris region [J]. Urban studies,2012,49(11):2357-2376.

[77]HAUSMANN R,HIDALGO C. Country diversification,product ubiquity,and economic divergence[J]. Social science electronic publishing,2010,69 (35):78-81.

[78]HEIJ C V,VOLBERDA H W,BOSCH F. How to leverage the impact of R&D on Product innovation? the moderating effect of management innovation[J]. R&D management,2020,50(2):277-294.

[79]HERSTAD S J. Innovation strategy choices in the urban economy[J]. Urban studies,2018,55(6):1185-1202.

[80]HIDALGO C E S A,HAUSMANN R. The building blocks of economic complexity[J]. Proceedings of the nationalacademy of sciences,2009,106(26): 10570-10575.

[81]HIDALGO C E S A,KLINGER B,BARAB A SI A. The product space conditions the development of nations[J]. Science,2007,317(5837):482-487.

[82]HORII R,IWAISAKO T. Economic growth with imperfect protection of intellectual property rights[J]. Journal of economics,2007,90(1):45-85.

[83]INOUA S. A simple measure of economic complexity[Z]. 2016.

[84]JAFFE A B,TRAJTENBERG M,HENDERSON R. Geographic localization of knowledge spillovers as evidenced by patent citations[J]. The quarterly journal of economics,1993,108(3):577-598.

[85]KEKEZI O,KLAESSON J. Agglomeration and innovation of knowledge intensive business services[J]. Industry and innovation,2020,27(5):538-561.

[86]KELLER W. International technology diffusion[J]. Journal of economic literature,2004,42(3):752-782.

[87]KERR W R,KOMINERS S D. Agglomerative forces and cluster shapes [J]. Review of economics and statistics,2015,97(4):877-899.

[88]KERR W R. Breakthrough inventions and migrating clusters of innovation[J]. Journal of urban economics,2010,67(1):46-60.

[89]KO W W,LIU G. Understanding the process of knowledge spillovers: learning to become social enterprises [J]. Strategic entrepreneurship journal, 2015,9(3):263-285.

[90]KOENKER R W,BASSETT G. Regression Quantile[J]. Econometrica, 1978,46(1):33-50.

[91]KOGLER D F,ESSLETZBICHLER J U R,RIGBY D L. The evolution of specialization in the EU15 knowledge space[J]. Journal of economic geography,2017,17(2):345-373.

[92]KOGLER D F,RIGBY D L,TUCKER I. Mapping knowledge space and technological relatedness in US cities[J]. European planning studies,2013,21 (9):1374-1391.

[93]KOLYMPIRIS C,KALAITZANDONAKES N,MILLER D. Spatial collocation and venture capital in the us biotechnology industry[J]. Research policy, 2011,40(9):1188-1199.

[94]KRUGMAN P. Increasing returns and economic geography [J]. The journal of political economy,1991,99(3):483-499.

[95]KWON H S,LEE J,LEE S S. Knowledge spillovers and patent citations:trends in geographic localization,1976-2015[J]. Economics of Innovation and New Technology,2020(Published online).

[96]LAESTADIUS S. Technology level,knowledge formation,and industrial competence in paper manufacturing[M]. Ann Arbour:The University of Michigan Press,1998,212-226.

[97]LAI H,MASKUS K E,YANG L. Intellectual property enforcement,ex-

ports and productivity of heterogeneous firms in developing countries: evidence from China[J]. European economic review, 2020, 123: preprint.

[98] LAZZERETTI L, INNOCENTI N, CAPONE F. The impact of related variety on the creative employment growth[J]. Annals of regional science, 2017, 58(3): 491-512.

[99] LEIPONEN A. Skills and innovation[J]. International journal of industrial organization, 2005, 23(5-6): 303-323.

[100] LEVINE R. Finance and growth: theory and evidence [Z]. NBER Working Papers, 2004.

[101] LIM U. The spatial distribution of innovative activity in us metropolitan areas: evidence from patent data[J]. Journal of regional analysis and policy, 2003, 33(2): 97-98.

[102] LIU F, SUN Y. A comparison of the spatial distribution of innovative activities in China and the U.S[J]. Technological forecasting & social change, 2009, 76(6): 797-805.

[103] MAREK P, TITZE M, FUHRMEISTER C. R&D collaborations and the role of proximity[J]. 2017, 51(12): 1713-1761.

[104] MARTIN R, RYPESTØL J O, HANDELSHÖGSKOLAN. Linking content and technology: on the geography of innovation networks in the bergen media cluster[J]. Industry and innovation, 2018, 25(10): 966-989.

[105] MARTINUS K, SUZUKI J, BOSSAGHZADEH S. Agglomeration economies, interregional commuting and innovation in the peripheries [J]. Regional studies, 2020, 54(6): 776-788.

[106] MATÉ-SÁNCHEZ-VAL M, HARRIS R. The paradox of geographical proximity for innovators: a regional study of the spanish agri-food sector[J]. Land

use policy,2018,73(4):458-467.

[107]MAURO F D,MD H,BIESEBROECK J V. Promoting higher productivity in China – does innovation expenditure really matter? [J]. The Singapore economic review,2020,65(5):1161-1183.

[108]MÉNDEZ R,MORAL S O N S. Spanish cities in the knowledge economy:theoretical debates and empirical evidence[J]. European urban and regional studies,2011,18(2):136-155.

[109]MENON C. The bright side of maup:defining new measures of industrial agglomeration[J]. Papers in regional science,2012,91(1):3-28.

[110]MOSER P. Patents and innovation in economic history[J]. Annual review of economics,2016,8(1):241-258.

[111] MURATA Y, NAKAJIMA R, OKAMOTO R. Localized knowledge spillovers and patent citations:a distance-based approach[J]. Review of economics and statistics,2014,96(5):967-985.

[112]NEFFKE F,HARTOG M,BOSCHMA R. Agents of structural change:the role of firms and entrepreneurs in regional diversification[J]. Economic geography,2018,94(5):1-26.

[113]NEFFKE F, HENNING M, BOSCHMA R. How do regions diversify over time? industry relatedness and the development of new growth paths in regions[J]. Economic geography,2011,87(3):237-265.

[114]NELSON A J. Measuring knowledge spillovers:what patents,licenses and publications reveal about innovation diffusion[J]. Research policy,2009,38(6):994-1005.

[115]NELSON R R,PHELPS E S. Investment in humans,technological diffusion,and economic growth[J]. Cowles foundation discussion papers,1966,56

（1–2）：69–75.

［116］OECD，EUROSTAT. Oslo manual – guidelines for collecting and interpreting innovation data［M］. Third edition ed. Paris，2005.

［117］PACKALEN M，Bhattacharya J. Cities and ideas［Z］. NBER Working Papers，2015.

［118］PELLOESSO W. The relationship between competition and innovation – an empirical study based on community innovation survey［Z］. lup.lub.lu.se，2015.

［119］PERRUCHAS F，CONSOLI D，BARBIERI N. Specialisation，diversification and the ladder of green technology development［J］. Research policy，2020：preprint.

［120］PORTER M E. The competitive advantage of nations［J］. Competitive intelligence review，1990，1（1）：14.

［121］PUGA D，VENABLES A J. The spread of industry：spatial agglomeration in economic development［Z］. CEPR Discussion Papers，1996.

［122］RIGBY D L. Technological relatedness and knowledge space：entry and exit of us cities from patent classes［J］. Regional studies，2015，49（11）：1922–1937.

［123］ROCCHETTA S，MINA A. Technological coherence and the adaptive resilience of regional economies［J］. Regional studies，2019，53（10）：1421–1434.

［124］ROSENTHAL S S，STRANGE W C. Geography，industrial organization，and agglomeration［J］. Review of economics and statistics，2003，85（2）：377–393.

［125］ROSENTHAL S S，STRANGE W C. The determinants of agglomeration［J］. Journal of urban economics，2001，50（9）：191–229.

[126]ROTEMBERG J J, SALONER G. Competition and human capital accumulation: a theory of interregional specialization and trade[J]. Regional science and urban economics, 2000, 30(4):373-404.

[127]SA L D, MARTIN A, BO C. Entrepreneurial experimentation: a key function in systems of innovation[J]. Small business economics, 2019, 53(7): 591-610.

[128]SAXENIAN A. Silicon valley and route 128:regional prototypes of historical exception?[J]. Urban affairs annual reviews, 1985, 28(3):81-105.

[129]SCHILLING M A. Toward a general modular systems theory and its application to interfirm product modularity[J]. Academy of management review, 2000, 25(2):312-334.

[130]SCHMOCH U. Concept of a technology classification for country comparisons[R]. Final report to the world intellectual property organization, 2008.

[131]SCOTT A J. The new industrial space:flexible production organization and regional development in North America and Western Europe[M]. Pion Ltd, 1988.

[132]SENGUPTA J. Innovation diversity:industry applications[M]. Springer International Publishing, 2014.

[133]SHAPIRO, CARL. Navigating the patent thicket: cross licenses, patent pools, and standard setting.[M]. MIT Press, 2001.

[134]SLEUWAEGEN L, BOIARDI P. Creativity and regional innovation: evidence from EU regions[J]. Research policy, 2014, 43(9):1508-1522.

[135]SPATAREANU M, MANOLE V, KABIRI A. Do bank liquidity shocks hamper firms' innovation? [J]. International journal of industrial organization, 2019:preprint.

[136]STIGLITZ J E. Leaders and followers：perspectives on the nordic model and the economics of Innovation[J]. Journal of public economics，2014，127 (7)：3-16.

[137]STRANGE W，HEJAZI W，TANG J. The uncertain city：competitive instability，skills，innovation and the strategy of agglomeration[J]. Journal of urban economics，2006，59(3)：331-351.

[138]SUN Y，LU Y，WANG T. Pattern of patent-based environmental technology innovation in China[J]. Technological forecasting & social change，2008，75(7)：1032-1042.

[139]SVALERYD H，VLACHOS J. Financial markets，the pattern of industrial specialization and comparative advantage：evidence from OECD countries [J]. European economic review，2005，49(1)：113-144.

[140] TANNER，NYGAARD A. Regional branching reconsidered：emergence of the fuel cell industry in European regions[J]. Economic geography，2014，90(4)：403-427.

[141]TEIRLINCK P，SPITHOVEN A E. The spatial organization of innovation：open innovation，external knowledge relations and urban structure[J]. Regional studies，2008，42(5)：689-704.

[142] THEERANATTAPONG T，PICKERNELL D，SIMMS C. Systematic literature review paper：the regional innovation system-university-science park nexus[J]. The journal of technology transfer，2021(2)：1-34.

[143]TOBLER W. A computer movie simulating urban growth in the detroit region[J]. Economic geography，1970，46(2)：234-240.

[144]TURA T，HARMAAKORPI V. Social capital in building regional innovative capability[J]. Regional studies，2005，39(8)：1111-1125.

[145]VERSPAGEN B,SCHOENMAKERS W. The spatial dimension of patenting by multinational firms in Europe[J]. Journal of economic geography,2004,4(1):23-42.

[146]WHITTLE A,KOGLER D F. Related to what? Reviewing the literature on technological relatedness:where we are now and where can we go?[J]. Papers in regional science,2020,99(1):97-113.

[147]WHITTLE A. Local and nonlocal knowledge typologies:technological complexity in the irish knowledge space[J]. European planning studies,2019,27(4):661-677.

[148]ZHENG F,JIAO H,CAI H. Reappraisal of outbound open innovation under the policy of China's 'Market for Technology'[J]. Technology analysis & strategic management,2017,30(1):1-14.

[149]ZIPF G K. Human behaviour and the principle of least effort[M]. Cambridge,MA:Adison-Wesley Press,1949.

[150]白俊红,刘宇英.对外直接投资能否改善中国的资源错配[J].中国工业经济,2018(1):60-78.

[151]白俊红,吕晓红.FDI质量与中国经济发展方式转变[J].金融研究,2017(5):47-62.

[152]白俊红,王林东.创新驱动是否促进了经济增长质量的提升?[J].科学学研究,2016,34(11):1725-1735.

[153]卞元超,吴利华,白俊红.高铁开通是否促进了区域创新?[J].金融研究,2019(6):132-149.

[154]蔡昉.改革时期农业劳动力转移与重新配置[J].中国农村经济,2017(10):2-12.

[155]蔡昉.农业劳动力转移潜力耗尽了吗?[J].中国农村经济,2018

（9）：2-13.

[156]蔡海亚,徐盈之.贸易开放是否影响了中国产业结构升级?[J].数量经济技术经济研究,2017,34(10):3-22.

[157]蔡绍洪,俞立平.创新数量、创新质量与企业效益——来自高技术产业的实证[J].中国软科学,2017(5):30-37.

[158]蔡跃洲.科技成果转化的内涵边界与统计测度[J].科学学研究,2015,33(1):37-44.

[159]曹勇,曹轩祯,罗楚珺,等.我国四大直辖城市创新能力及其影响因素的比较研究[J].中国软科学,2013(6):162-170.

[160]陈光华,王烨,杨国梁.地理距离阻碍跨区域产学研合作绩效了吗?[J].科学学研究,2015,33(1):76-82.

[161]陈劲,吴航,刘文澜.中关村:未来全球第一的创新集群[J].科学学研究,2014,32(1):5-13.

[162]陈培阳,朱喜钢.福建省区域经济差异演化及其动力机制的空间分析[J].经济地理,2011,31(8):1252-1257.

[163]陈诗一,陈登科.雾霾污染、政府治理与经济高质量发展[J].经济研究,2018,53(2):20-34.

[164]陈长石,姜廷廷,刘晨晖.产业集聚方向对城市技术创新影响的实证研究[J].科学学研究,2019,37(1):77-85.

[165]陈钊,陆铭,金煜.中国人力资本和教育发展的区域差异:对于面板数据的估算[J].世界经济,2004,27(12):25-31.

[166]程风雨.粤港澳大湾区都市圈科技创新空间差异及收敛性研究[J].数量经济技术经济研究,2020,37(12):89-107.

[167]程惠芳,陈超.开放经济下知识资本与全要素生产率——国际经验与中国启示[J].经济研究,2017,52(10):21-36.

[168]程开明,徐扬.城市蔓延对电力强度的影响——基于中国地级及以上城市面板数据的分析[J].城市问题,2019(7):37-42.

[169]程开明,章雅婷.中国城市创新空间溢出效应测度及分解[J].科研管理,2018,39(12):86-94.

[170]程开明.城市化促进技术创新的机制及证据[J].科研管理,2010(2):26-34.

[171]程名望,张家平,李礼连.互联网发展、劳动力转移和劳动生产率提升[J].世界经济文汇,2020(5):1-17.

[172]程锐.市场化进程、企业家精神与地区经济发展差距[J].经济学家,2016(8):19-28.

[173]程郁,陈雪.创新驱动的经济增长——高新区全要素生产率增长的分解[J].中国软科学,2013(11):26-39.

[174]崔书会,李光勤,豆建民.产业协同集聚的资源错配效应研究[J].统计研究,2019,36(2):76-87.

[175]戴魁早,方杰炜.贸易壁垒对出口技术复杂度的影响——机制与中国制造业的证据[J].国际贸易问题,2019(12):136-154.

[176]戴魁早,李晓莉,骆莙函.人力资本结构高级化、要素市场发展与服务业结构升级[J].财贸经济,2020,41(10):129-146.

[177]戴魁早,刘友金.市场化改革能推进产业技术进步吗?——中国高技术产业的经验证据[J].金融研究,2020(2):71-90.

[178]戴魁早.技术市场发展对出口技术复杂度的影响及其作用机制[J].中国工业经济,2018(7):117-135.

[179]邓慧慧,赵晓坤,李慧榕.土地资源优化配置如何影响经济效率?——来自浙江省"亩均论英雄"改革的经验证据[J].中国土地科学,2020,34(7):32-42.

[180]邓向荣,曹红.产业升级路径选择:遵循抑或偏离比较优势——基于产品空间结构的实证分析[J].中国工业经济,2016(2):52-67.

[181]段德忠,杜德斌,刘承良.上海和北京城市创新空间结构的时空演化模式[J].地理学报,2016,70(12):1911-1925.

[182]樊纲,王小鲁,马光荣.中国市场化进程对经济增长的贡献[J].经济研究,2011,46(9):4-16.

[183]范柏乃,吴晓彤,李旭桦.城市创新能力的空间分布及其影响因素研究[J].科学学研究,2020,38(8):1473-1480.

[184]范剑勇.产业集聚与地区间劳动生产率差异[J].经济研究,2006(11):72-81.

[185]冯根福,刘军虎,徐志霖.中国工业部门研发效率及其影响因素实证分析[J].中国工业经济,2006(11):46-51.

[186]高波,赵奉军.企业家精神的地区差异与经济绩效——基于面板数据的估算[J].山西财经大学学报,2009,31(9):58-63.

[187]高翔.城市规模、人力资本与中国城市创新能力[J].社会科学,2015(3):49-58.

[188]葛鹏飞,韩永楠,武宵旭.中国创新与经济发展的耦合协调性测度与评价[J].数量经济技术经济研究,2020,37(10):101-117.

[189]葛鹏飞,徐璋勇,黄秀路.科研创新提高了"一带一路"沿线国家的绿色全要素生产率吗[J].国际贸易问题,2017(9):48-58.

[190]顾晓燕,朱玮玮,符斌.空间视角下知识产权保护、技术创新与产业结构升级[J].经济问题,2020(11):68-75.

[191]关书,成力为.研发投资、能力积累与全要素生产率提升[J].科学学研究,2020,38(4):627-637.

[192]桂黄宝.中国区域创新能力空间差异与变化趋势——基于改进

TOPSIS-Theil法的省域面板数据分析[J].经济经纬,2015,32(6):17-22.

[193]郭家堂,骆品亮.互联网对中国全要素生产率有促进作用吗?[J].
管理世界,2016(10):34-49.

[194]郭将,岳文瑞.城市紧凑度与区域创新能力——以江苏省为例
[J].技术经济,2020,39(8):51-58.

[195]郭凯明,余靖雯,吴泽雄.投资、结构转型与劳动生产率增长[J].
金融研究,2018(8):1-16.

[196]韩长根,张力.互联网是否改善了中国的资源错配——基于动态
空间杜宾模型与门槛模型的检验[J].经济问题探索,2019(12):43-55.

[197]何凌云,陶东杰.高铁开通对知识溢出与城市创新水平的影响测
度[J].数量经济技术经济研究,2020,37(2):125-142.

[198]何舜辉,杜德斌,焦美琪,等.中国地级以上城市创新能力的时空
格局演变及影响因素分析[J].地理科学,2017,37(7):1014-1022.

[199]贺晓宇,沈坤荣.现代化经济体系、全要素生产率与高质量发展
[J].上海经济研究,2018(6):25-34.

[200]洪世键,张京祥.城市蔓延的界定及其测度问题探讨——以长江
三角洲为例[J].城市规划,2013,37(7):42-45.

[201]黄群慧,余泳泽,张松林.互联网发展与制造业生产率提升:内在机
制与中国经验[J].中国工业经济,2019(8):5-23.

[202]黄燕萍,刘榆,吴一群,等.中国地区经济增长差异:基于分级教育
的效应[J].经济研究,2013,48(4):94-105.

[203]贾俊生,伦晓波,林树.金融发展、微观企业创新产出与经济增
长——基于上市公司专利视角的实证分析[J].金融研究.2017(1):99-113.

[204]贾俊雪.公共基础设施投资与全要素生产率:基于异质企业家模型
的理论分析[J].经济研究,2017,52(2):4-19.

[205]蒋含明,李非.企业家精神、生产性公共支出与经济增长[J].经济管理,2013,35(1):153-161.

[206]金碚.关于"高质量发展"的经济学研究[J].中国工业经济,2018(4):5-18.

[207]金戈.中国基础设施与非基础设施资本存量及其产出弹性估算[J].经济研究,2016,51(5):41-56.

[208]荆文君,孙宝文.数字经济促进经济高质量发展:一个理论分析框架[J].经济学家,2019(2):66-73.

[209]景光正,李平,许家云.金融结构、双向FDI与技术进步[J].金融研究,2017(7):62-77.

[210]孔令丞,柴泽阳.省级开发区升格改善了城市经济效率吗?——来自异质性开发区的准实验证据[J].管理世界,2021,37(1):60-75.

[211]赖敏,韩守习.知识产权保护对出口技术复杂度的影响研究[J].世界经济与政治论坛,2018(4):104-130.

[212]李勃昕,韩先锋,李宁.知识产权保护是否影响了中国OFDI逆向创新溢出效应?[J].中国软科学,2019(3):46-60.

[213]李宏彬,李杏,姚先国,等.企业家的创业与创新精神对中国经济增长的影响[J].经济研究,2009,44(10):99-108.

[214]李佳洺,张文忠,李业锦,等.基于微观企业数据的产业空间集聚特征分析——以杭州市区为例[J].地理研究,2016,35(1):95-107.

[215]李江龙,徐斌."诅咒"还是"福音":资源丰裕程度如何影响中国绿色经济增长?[J].经济研究,2018,53(9):151-167.

[216]李金昌,史龙梅,徐蔼婷.高质量发展评价指标体系探讨[J].统计研究,2019,36(1):4-14.

[217]李琳,雒道政.多维邻近性与创新:西方研究回顾与展望[J].经济

地理,2013,33(6): 1-7.

[218]李平.提升全要素生产率的路径及影响因素——增长核算与前沿面分解视角的梳理分析[J].管理世界,2016(9): 1-11.

[219]李松林,刘修岩.中国城市体系规模分布扁平化:多维区域验证与经济解释[J].世界经济,2017,40(11): 144-169.

[220]李雯,解佳龙.创新集聚效应下的网络惯例建立与创业资源获取[J].科学学研究,2017,35(12): 1864-1874.

[221]李夏玲,殷凤,王志华.对外直接投资对母国全要素生产率的影响[J].统计与决策,2020,36(7): 113-117.

[222]梁婧,张庆华,龚六堂.城市规模与劳动生产率:中国城市规模是否过小?——基于中国城市数据的研究[J].经济学(季刊),2015(3): 1053-1072.

[223]林毅夫,张鹏飞.后发优势、技术引进和落后国家的经济增长[J].经济学(季刊),2005(4): 53-74.

[224]刘秉镰,武鹏,刘玉海.交通基础设施与中国全要素生产率增长——基于省域数据的空间面板计量分析[J].中国工业经济,2010(3): 54-64.

[225]刘和东.国内市场规模与创新要素集聚的虹吸效应研究[J].科学学与科学技术管理,2013(7): 104-112.

[226]刘华军,杜广杰.中国经济发展的时空格局及分布动态演变——基于城市Dmsp/Ols夜间灯光数据的研究[J].中国人口科学,2017(3): 17-29.

[227]刘军,黄解宇,曹利军.金融集聚影响实体经济机制研究[J].管理世界,2007(4): 152-153.

[228]刘修岩,陈子扬.城市体系中的规模借用与功能借用——基于网络外部性视角的实证检验[J].城市问题,2017(12): 12-19.

[229]刘修岩,李松林,秦蒙.城市空间结构与地区经济效率——兼论中国城镇化发展道路的模式选择[J].管理世界,2017(1):51-64.

[230]刘晔,曾经元,王若宇,等.科研人才集聚对中国区域创新产出的影响[J].经济地理,2019,39(7):139-147.

[231]柳卸林,高雨辰,丁雪辰.寻找创新驱动发展的新理论思维——基于新熊彼特增长理论的思考[J].管理世界,2017(12):8-19.

[232]柳卸林,胡志坚.中国区域创新能力的分布与成因[J].科学学研究,2002(5):550-556.

[233]毛文峰,陆军.蔓延的城市空间形态影响城市创新质量吗——来自中国地级市层面的经验证据[J].现代经济探讨,2020(4):94-100.

[234]孟猛猛,雷家骕,焦捷.专利质量、知识产权保护与经济高质量发展[J].科研管理,2021,42(1):135-145.

[235]庞瑞芝,刘秉镰,刘先夺.我国不同等级、不同区位城市医院的经营绩效比较研究[J].中国工业经济,2008(2):113-121.

[236]秦蒙,刘修岩,李松林.城市蔓延如何影响地区经济增长?——基于夜间灯光数据的研究[J].经济学(季刊),2019,18(2):527-550.

[237]邵云飞,谭劲松.区域技术创新能力形成机理探析[J].管理科学学报,2006,9(4):1-11.

[238]单伟,马文,高俊光.弹性视角下的R&D投入与产出关系研究[J].科学学研究,2017,35(7):1004-1015.

[239]盛斌,毛其淋.进口贸易自由化是否影响了中国制造业出口技术复杂度[J].世界经济,2017,40(12):52-75.

[240]石光,马名杰.我国创新要素的集聚效应与跨区域流动[N].中国经济时报,2014-06-30.

[241]史宇鹏,顾全林.知识产权保护、异质性企业与创新:来自中国制造

业的证据[J].金融研究,2013(8):136-149.

[242]史宇鹏,周黎安.地区放权与经济效率:以计划单列为例[J].经济研究,2007(1):17-28.

[243]隋立祖,寇宗来.中国技术市场发展:理论逻辑和绩效评价[J].研究与发展管理,2011,23(3):118-124.

[244]孙浦阳,韩帅,许启钦.产业集聚对劳动生产率的动态影响[J].世界经济,2013(3):33-53.

[245]孙英杰,林春,刘融冰.企业家精神与全要素生产率提升研究——基于省级面板数据的实证分析[J].中国科技论坛,2019(1):152-160.

[246]孙瑜康,孙铁山,席强敏.北京市创新集聚的影响因素及其空间溢出效应[J].地理研究,2017(12):2419-2431.

[247]孙哲,周密,刘秉镰.复合邻近条件下大城市的区域吸收能力[J].科学学研究,2017(5):720-728.

[248]唐未兵,傅元海,王展祥.技术创新、技术引进与经济增长方式转变[J].经济研究,2014,49(7):31-43.

[249]陶长琪,徐茉.经济高质量发展视阈下中国创新要素配置水平的测度[J].数量经济技术经济研究,2021,39(3):3-22.

[250]王春杨,张超.地理集聚与空间依赖——中国区域创新的时空演进模式[J].科学学研究,2013,31(5):780-789.

[251]王海花,熊丽君,李玉.众创空间创业环境对新创企业绩效的影响[J].科学学研究,2020,38(4):673-684.

[252]王建华,杨惠雯,王逸轩.技术创新异质性点格局及其影响因素研究[J].科学学研究,2019,37(12):2274-2283.

[253]王如玉,王志高,梁琦,等.金融集聚与城市层级[J].经济研究,2019,54(11):165-179.

[254]王叶军.创业活力对城市经济增长的影响[J].浙江社会科学,2019(2):11-18,27.

[255]王宇新,姚梅.空间效应下中国省域间技术创新能力影响因素的实证分析[J].科学决策,2015(3):72-81.

[256]王钺,刘秉镰.创新要素的流动为何如此重要?——基于全要素生产率的视角[J].中国软科学,2017(8):91-101.

[257]王志高,王如玉,梁琦.企业创新成功率与城市规模[J].统计研究,2016,33(7):55-63.

[258]魏江,申军.产业集群学习模式和演进路径研究[J].研究与发展管理,2003(2):44-48.

[259]温忠麟,叶宝娟.中介效应分析:方法和模型发展[J].心理科学进展,2014,22(5):731-745.

[260]吴延兵.R&D存量、知识函数与生产效率[J].经济学(季刊),2006(3):1129-1156.

[261]吴翌琳.技术创新与非技术创新对就业的影响研究[J].统计研究,2015,32(11):59-64.

[262]肖文,殷宝庆.垂直专业化的技术进步效应——基于27个制造行业面板数据的实证分析[J].科学学研究,2011,29(3):382-389.

[263]晏艳阳,吴志超.创新政策对全要素生产率的影响及其溢出效应[J].科学学研究,2020,38(10):1868-1878.

[264]杨东亮,李春凤.高技能人口集聚对中国省际劳动生产率的影响[J].社会科学战线,2020(1):254-258.

[265]杨明海,张红霞,孙亚男,等.中国八大综合经济区科技创新能力的区域差距及其影响因素研究[J].数量经济技术经济研究,2018,35(4):3-19.

[266]杨明海,张红霞,孙亚男.七大城市群创新能力的区域差距及其分布动态演进[J].数量经济技术经济研究,2017,34(3):21-39.

[267]叶祥松,刘敬.异质性研发、政府支持与中国科技创新困境[J].经济研究,2018,53(9):116-132.

[268]尹苗苗,王玲.创业领域资源整合研究现状与未来探析[J].外国经济与管理,2015,37(8):3-12.

[269]于斌斌.中国城市群产业集聚与经济效率差异的门槛效应研究[J].经济理论与经济管理,2015(3):60-73.

[270]余靖雯,龚六堂.中国公共教育供给及不平等问题研究——基于教育财政分权的视角[J].世界经济文汇,2015(6):1-19.

[271]余泳泽,刘大勇,宣烨.生产性服务业集聚对制造业生产效率的外溢效应及其衰减边界——基于空间计量模型的实证分析[J].金融研究,2016(2):23-36.

[272]余泳泽,刘大勇.创新要素集聚与科技创新的空间外溢效应[J].科研管理,2013(1):46-54.

[273]余泳泽,张先轸.要素禀赋、适宜性创新模式选择与全要素生产率提升[J].管理世界,2015(9):13-31.

[274]俞立平,万晓云,钟昌标,等.技术市场厚度、市场流畅度与高技术产业创新[J].中国软科学,2021(1):21-31.

[275]张艾莉,李月明.基于等级划分的我国区域创新能力差异分析[J].科技进步与对策,2016,33(10):28-33.

[276]张成刚,廖毅,曾湘泉.创业带动就业:新建企业的就业效应分析[J].中国人口科学,2015(1):38-47.

[277]张浩然.空间溢出视角下的金融集聚与城市经济绩效[J].财贸经济,2014(9):51-61.

[278]张虎,韩爱华.中国城市制造业与生产性服务业规模分布的空间特征研究[J].数量经济技术经济研究,2018,35(9):96-109.

[279]张杰,陈志远,吴书凤,等.对外技术引进与中国本土企业自主创新[J].经济研究,2020,55(7):92-105.

[280]张杰,高德步,夏胤磊.专利能否促进中国经济增长——基于中国专利资助政策视角的一个解释[J].中国工业经济,2016(1):83-98.

[281]张军,高远,傅勇,等.中国为什么拥有了良好的基础设施?[J].经济研究,2007(3):4-19.

[282]张其仔.比较优势的演化与中国产业升级路径的选择[J].中国工业经济,2008(9):58-68.

[283]张汝飞,刘超,赵彦云.技术市场与科技创新互动效应研究——以北京技术市场为例[J].数学的实践与认识,2016,46(16):43-51.

[284]张欣炜,林娟.中国技术市场发展的空间格局及影响因素分析[J].科学学研究,2015,33(10):1471-1478.

[285]赵建吉,曾刚.创新的空间测度:数据与指标[J].经济地理,2009(8):1250-1255.

[286]赵涛,张智,梁上坤.数字经济、创业活跃度与高质量发展——来自中国城市的经验证据[J].管理世界,2020,36(10):65-76.

[287]赵星,王林辉.中国城市创新集聚空间演化特征及影响因素研究[J].经济学家,2020(9):75-84.

[288]赵彦云,吴翌琳.中国区域创新模式及发展新方向——基于中国31个省区市2001-2009年创新指数的分析[J].经济理论与经济管理,2010(12):69-77.

[289]中国人民大学宏观经济分析与预测课题组,刘凤良,于泽,等.全球技术进步放缓下中国经济新动能的构建[J].经济理论与经济管理,2016

（12）: 5-20.

[290]周泯非,魏江.产业集群创新能力的概念、要素与构建研究[J].外国经济与管理,2009,31(9): 9-17.

[291]周锐波,邱奕锋,胡耀宗.中国城市创新网络演化特征及多维邻近性机制[J].经济地理,2021,41(5): 1-10.

[292]周云波,田柳,陈岑.经济发展中的技术创新,技术溢出与行业收入差距演变——对U型假说的理论解释与实证检验[J].管理世界,2017（11）: 42-56.

[293]朱有为,徐康宁.中国高技术产业研发效率的实证研究[J].中国工业经济,2006(11): 38-45.